El que busca la verdad y el contacto con la jerarquía de la luz y la Gran Hermandad Blanca debe, por necesidad, llegar directamente bajo los auspicios y la guía de los grandes maestros instructores. Emprender el sendero hacia la maestría, la realización, la victoria y la ascensión es un proceso iniciático. Ya sea Zaratustra, que ascendió de regreso a Dios en «la gran llama», o Elías, que fue al cielo en el «carro de fuego», la llama de la ascensión es la llave que abre la puerta de la inmortalidad para todo hombre.

SERAPIS BEY

Las percepciones de Serapis

Desde el Maestro y la Enseñanza
del Sendero de la Esfinge y de la Gran Pirámide.

Paz desde el corazón de Lúxor.

Escuché la disciplina de Dios y la percibí como la manifestación de su orden. Al surgir del caos y de la dimensión de la mente y confusión mortales, percibí el orbe luminoso de la inteligencia Crística como si viniera de la constelación del Dragón, irrumpiendo en lo profundo de la línea piramidal.

Y vi la cámara del rey. Y vi la cámara de la reina. Y vi la pirámide de vidas. Y vi al Maestro Masón trazar su línea.

Y vi la solidez de la geometría Divina. Vi la piedra codo. Y vi la medida de un hombre. Y vi cómo todo hombre debe esforzarse para ajustarse al plan maestro. Y el conocimiento y una antorcha fueron necesarios. Y debe cruzarse la cámara, y debe llegar la iniciación. Y el hombre debe pasar de la muerte a la vida.

Porque el sol, la luna, las estrellas y los orbes luminosos de la creación son focos concéntricos, orbes de luz, masas de luz, masas de energía, de densidad, de reflejo.

Y así es el hombre y no lo sabe.

Porque la galaxia rotante en el interior también está bajo dominio.

Y como un barco sin timón, sin brújula o sin capitán, también vidas sin compás cruzan mares inexplorados y los individuos se pierden, sin escuchar la voz del Anciano Marinero y la voz de la Verdad que separa el velo de las mentiras mortales y conduce a los hombres a liberarse de la esclavitud de Egipto, cruzando el mar Rojo más allá del desierto del Sinaí, para llegar a la tierra prometida.

Es de lo más desafortunado, pero cierto, que en las disciplinas de los hombres sus corazones con frecuencia están tan familiarizados con las cadencias y líneas de la verdad que se han formado cicatrices en la sede de la conciencia dentro de ellos hasta que ya no obtienen satisfacción de la sagrada doctrina de nuestra fe. Y nuestra fe está en el propósito.

Y los hombres deben aprender a aquietar la mente como si empuñaran una espada de acero, sin moverla ni siquiera un milímetro hasta que se dé la orden de batalla. Un soldado ejercita el control y atiende el mando del capitán. . .

El cono de fuego brilla de forma intermitente de la opacidad al resplandor de la luz blanca, y la ceniza residual se consume a sí misma. Y el huevo de la serpiente no debe dejarse, porque bien puede dar a luz no sólo a una serpiente o a una serpiente marina, sino a un dragón. Y así, el cono de fuego debe preservarse hasta que la luz cegadora de transposición, de transmutación consuma la escoria y produzca el fruto del Huevo Cósmico.

El ovoide del Infinito está dentro de la capacidad de los mortales. Pero entonces, cuando lo invocan, ya no son mortales. La inmortalidad tiene un alto precio y exige la totalidad del hombre desde su pequeñez. . .

El poder mismo de la mente de Dios que formó el mundo tenía que llevar energía a un todo cohesivo, para que, por ley universal, ese propósito pudiera manifestarse a través de una geometría cósmica como todos los miles de fuerzas de la naturaleza con sus múltiples patrones: hélices, conos, cuadrados, círculos y muchas otras figuras geométricas.

El uso que la naturaleza ha puesto en todas esas diversas formas geométricas debería mostrar a la humanidad que la mente de Dios se ha inspirado realmente en el conocimiento de la geometría cósmica para producir en el mundo de la forma una perfección de orden cuya estructura es muy bella. La observación de esto por la humanidad debería demostrar que la casualidad no está implicada en los misterios de la creación, sino solo un modelo magnífico de encanto y orden, de intención y propósito.

Si este propósito se manifiesta como la armonía de la naturaleza, entonces, debe aparecer ahora como orden y disciplina en las vidas de los aspirantes que desean obtener su ascensión.

Me dirijo ahora a los individuos de todo el cuerpo planetario que no asisten aquí a Lúxor, pero que desean matricularse de la misma manera que nuestros chelas lo hacen aquí y participar en su propia ascensión a la conclusión de esta encarnación. A vosotros os digo, debe darse una disciplina más que ordinaria...

Conservad, pues, vuestra armonía para que el cono tenga poca ceniza residual, para que el diente del dragón no sea hallado dentro del huevo del dragón...

Los hombres no pueden construir cuerpos inmortales con substancia mortal. No pueden construir ideas inmortales con pensamientos mortales. No pueden construir sentimientos divinos con sentimientos mortales, que envuelvan el mundo y creen la gran Pirámide de la Vida.

La Gran Pirámide de la Vida procede del cuadrado gigantesco de la mente del Divino Arquitecto, una mente que tiene todos los ángulos rectos y que produce, a partir de las cuatro esquinas de substancia, la belleza de la perfección elevándose de las esferas de la dimensión mortal.

Que los hombres comprendan el significado de esto, pues la base de la vida está en la forma, pero surge de la forma. El orden social, el orden de los individuos, el orden de las naciones, el orden de la jerarquía, todos los órdenes están construidos geométricamente. Y las piedras codo que componen estas divisiones, convirtiéndose entonces en unificaciones a través de la fuerza cohesiva, están unidas por el poder del amor que no considera ningún sacrificio demasiado grande...

La ciencia que está detrás de la ascensión es en verdad muy grande. Y las contribuciones que es necesario que los hombres hagan al orden mundial elevarían dentro de él un pilar de gran belleza, una pirámide de vidas en armonía, una pirámide de grandeza arquitectónica.

Entonces el césped se extenderá hacia los cuatro confines de la Tierra. Entonces la Pirámide refulgirá. Entonces el fuego del

Espíritu transmutará primero las piedras de la base, y la piedra cúspide será la última que brille. Porque toda la energía contenida en la piedra cúspide viene de arriba y la que está en la base viene de abajo.

Pero las calificaciones de la base deben someterse, en virtud de pensamiento y devoción, al patrón de arriba. Y por eso el fuego se atraerá primero a las piedras de la base. Y luego, la piedra cúspide, sostenida por las piedras de la base, refulgirá mientras el curso de la gran corriente electrónica procedente del corazón de Dios desciende simétricamente y en orden divino perfecto a través de toda la estructura, al hacer que la Pirámide refulja en el césped.

Y ocurrirá que, con el cumplimiento de la piedra cúspide, al coronar el logro del hombre, la civilización de la era dorada, la era dorada permanente comenzará.

Y entonces el destino de América y del mundo se reflejará porque la pirámide de las vidas se habrá ajustado de conformidad con el principio Divino.

Y el Gran Masón del Universo, el Dios Eterno, expresará a su vez satisfacción haciendo que descienda del cielo la mano que porta la antorcha.

Y cuando esto ocurra, lo que está abajo manifestará lo que está arriba...

Yo soy Serapis. He conocido los escenarios de la Tierra. He conocido reveses y he conocido el fortalecimiento en el que cada fracaso se ha convertido en un ímpetu para el triunfo...

Se me conoce como «el Disciplinario», y hay 144 instructores en el Templo de la Ascensión que trabajan conmigo en Lúxor, donde cada semana se reciben candidatos que desean tener un período de internado, de preparación para la ascensión.

Son los que han recorrido la Tierra en el servicio del Cristo, en el servicio del Buda, en el servicio de Dios en el hombre, ya sea bajo la tutela de ministros, rabinos, consejeros, sacerdotes o devotos de escuelas de misterios.

Porque medimos a los candidatos a la ascensión por la acción de la sagrada voluntad de Dios en la vida, por la acción de la sagrada sabiduría de Dios en la vida, por la acción del sagrado amor de Dios en la vida. Y la disciplina es nuestra norma. . .

Que las cuerdas del alma permanezcan tensas para que las toque la mano del Maestro Arpista. Que las cuerdas del alma sean instruidas por Dios. Que sean disciplinadas en el fuego sagrado, entonadas en el punto de la armonía celestial.

La geometría del alma es impulsada a la manifestación por disciplina. Y así vengo, enviado por Dios, como el Gurú de los iniciados del fuego sagrado.

Si deseáis esperar un millón de años para alcanzar la maestría, id con otro. Porque Serapis está impaciente de que se logre la perfección. . .

La perfección es una realidad tangible aquí y ahora.

Pienso que los que creen que no pueden ser perfectos imaginan que la perfección es una camisa de fuerza o una virtud estéril carente de vigor, energía, alegría o espontaneidad. No, la perfección es el florecimiento de los lirios, de las suaves violetas. La perfección es una sonrisa en un rostro.

Dios no mide la perfección con estándares humanos. Después de todo, ¿cómo pueden los humanos tener un estándar de perfección? Dios mide los motivos del corazón, el amor del corazón. Y lo que la humanidad critica, Dios lo ennoblece como perfección.

A Dios no le importa si el dibujo del niño pequeño es o no exacto según los grandes artistas de todos los tiempos. A Dios le interesa que la manita haya dibujado la flor como el corazoncito ha visto la flor. . .

Yo soy Serapis. Veo la necesidad de que haya seres disciplinados. Y veo la inutilidad que es imponer disciplina a la conciencia que no lo desea. Solo el amor puede extraer de vuestro ser los componentes necesarios para vuestra ascensión. No podéis amaros a vosotros mismos más que a Dios. . .

No es necesario que compliquemos la ley cósmica. La ley cósmica es amor en acción. El amor cósmico es la ley en acción. El amor y la ley cósmicos son vuestra fe, vuestra esperanza, vuestra alegría. . .

Y si pudierais ver todo lo que el cielo os tiene reservado,

seríais veloces y tomaríais las alas de las águilas para volar a nuestros retiros en las grietas más altas de las montañas. Vendríais, correríais a apartaros de vuestros compromisos mundanos. No os quedaríais en la Tierra, sino que subiríais, subiríais y subiríais en la fuente de luz interior. Y luego traeríais frutos de innovación, creatividad, novedad, ideas, proyectos originales, oh, tantas maravillas que los hijos de los hombres esperan conocer y saber. . .

Servir al Cristo en todos es recibir la recompensa del Cristo. Con ese fin disciplino. Con ese fin doy iniciaciones. Y lo que me interesa es el vuelo más alto, el oro de la conciencia. . .

Si quisierais que se os inicie, entonces os digo: estad dispuestos a llegar primero a los pies de vuestra propia realidad. Después estad dispuestos a aceptar que hay una realidad que Dios ha investido en algunos seres, en maestros que han trascendido esta fase y este plano, que tienen una comprensión mayor del Ser Real de la que poseéis vosotros ahora, aunque tenéis la misma oportunidad de alcanzar esa comprensión.

Han aspirado alcanzar el infinito y lo han conseguido. Pero miran hacia atrás y tienden la mano, pues lo consiguieron por amor a la humanidad.

Por lo tanto, os digo, tomad la mano de la jerarquía. Tomad la mano extendida. Caminad despacio o apresuradamente, pero caminad a paso rítmico, constantes en el ritmo de vuestra propia Realidad.

Apresuraos hacia la meta y hacia el premio del alto llamado, el llamado de la ley de vuestro Ser interno. Y sabed que, si queréis llegar rápido, allí estoy para impulsaros hacia adelante. Allí estoy con la espada de la llama de la ascensión. . .

Yo Soy, Serapis.

— ACTAS SOBRE —
LA
ASCENSIÓN

El relato de la aceleración del alma hacia
la conciencia superior en el Sendero de Iniciación

SERAPIS BEY

Tomados por
Mark L. Prophet

SUMMIT UNIVERSITY 🜂 PRESS ESPAÑOL®
Gardiner, Montana

ACTAS SOBRE LA ASCENSIÓN
El relato de la aceleración del alma hacia la conciencia superior en el Sendero de Iniciación
por Serapis Bey, tomados por Mark L. Prophet

Copyright © 2022 The Summit Lighthouse, Inc.
Todos los derechos reservados.

Título original:
DOSSIER ON THE ASCENSION
The Story of the Soul's Acceleration on the Path of Initiation
by Serapis Bey
Copyright © 1967, 1977, 1978, 1979, 2020 The Summit Lighthouse, Inc.
Quedan reservados todos los derechos.

Para información:
Summit University Press
63 Summit Way, Gardiner, MT 59030 USA
1-800-245-5445 / 406-848-9500
SummitUniversityPress.com

Library of Congress Control Number: 2022940146
(Número de control de la Biblioteca del Congreso: 2022940146)
ISBN: 978-1-60988-414-7
ISBN: 978-1-60988-415-4 (eBook)

SUMMIT UNIVERSITY ☙ PRESS ESPAÑOL®

Índice

1

La realidad del caminar interno con Dios

A vosotros,
que recordáis
al Anciano de Días:
saludos desde la
Hermandad de Lúxor
que guarda el recuerdo
de su sagrado nombre.

L a honda de David demuestra lo que el hombre puede hacer cuando está unido por la fe a su propia divinidad latente.[1] El mimetismo de los hombres abunda en el mundo y, aunque la imitación puede ser la forma más elevada de adulación, la pregunta para la jerarquía es: «¿Qué ofrecen los modelos actuales?».

Los hombres deben regresar a lo prístino, a la realidad del sendero interior con Dios, al templo mágico superior personificado y capturado por la verdad viviente. Los medios de comunicación del mundo proclaman las mercancías de los hombres para alentar a la posesión de tesoros materiales, pero rara vez escuchan los hombres la voz que clama en el desierto proclamando enderezar el camino del Señor.[2] Casi olvidados están los dulces balbuceos: «Instruye al niño en su camino, y aun cuando fuere viejo no se apartará de él».[3]

Yo, Serapis, vengo, entonces, en memoria del Anciano de Días[4] y en memoria del legado de la humanidad que no es la crucifixión, aunque los hombres mueran diariamente,[5] ni la resurrección, aunque algunos hombres se transforman diariamente, sino que es ese espléndido final de la ascensión. Cuando los hombres navegan yendo al extranjero, los que quedan en la orilla alegremente dicen «adiós» con la mano a los que están a bordo del barco. A medida que el navío se hace a la mar, hay una separación feliz y pensamientos de reunión. Así debería ser con aquellos cuya partida deja tras ellos huellas doradas que apuntan hacia el legado de los ciclos. Ni la muerte ni la separación son realidad, sino solo las corrientes de la ascensión residuales en todos los hombres en los que mora la simiente de Dios.

¿No está claramente escrito que en el Árbol de la Vida han de aparecer doce frutos?[6] ¿Y no está escrito que, cuando el Maestro Jesús ungió los ojos del ciego, su primera impresión fue: «Veo los hombres como árboles, pero los veo que andan».[7] ¿Cuál es, entonces, el misterio del árbol vertebral detrás de la columna vertebral, del sistema nervioso simpático y de los tallos ganglionares por los cuales fluyen las corrientes de la vida inmortal? ¿Cómo se fabrica el Cuerpo Solar Inmortal y a partir de qué se hila la substancia del traje de bodas?[8]

¿No ocurre todo a través de la alquimia del Ser? Y, en un sentido muy real, ¿no dispuso Dios que todo hombre se convirtiera en su propio Salvador? Oh, no estamos hablando de la insignificante carne y sangre mortales. No estamos hablando del hombre finito. Estamos hablando del hombre Divino, de la Presencia de la Vida que es la realidad individualizada de toda alma. La presencia de Dios individualizada como ser verdadero es YO SOY. Es ese Espíritu llameante —que no muere, no nace, no es creado y que, sin embargo, crea— que habló a Moisés desde el fuego llameante de la zarza, diciendo: YO SOY EL QUE YO SOY.[9]

El misterio de la ascensión, entonces, se alcanza compartiendo el Árbol de la Vida y sus doce frutos. Se alcanza con la realización del Hombre Real. Los hombres no recogen uvas de los espinos, y no importa cuántos lobos desfilen con vestidos de ovejas[10] y canten frases rimbombantes que no son más que «címbalo que retiñe»,[11] la ley de Dios no puede quebrantarse impunemente y las marcas del nivel del agua de la rebelión y de la confusión del hombre se elevan en los registros astrales, al indicar la falta de control emocional del hombre.

Hay quienes han conocido a nuestros lugartenientes, nuestros codirectores en Lúxor que reciben a los jóvenes neófitos a su llegada. Algunos de ellos han comentado sobre lo que denominan «ausencia de sentimiento», la ausencia de emoción e incluso la falta de amor que nuestros representantes han manifestado. No han comprendido que el amor no es solo un sentimiento, una emoción que desea tragarse al objeto de su afecto. Quienes reverencian el espacio comprenden por qué los planetas están colocados en órbitas que permiten *lebensraum* (espacio vital) para que cada orbe circule en la dignidad de la automanifestación. El verdadero amor es el amor por la llama Divina y no tiene otro deseo que el de esperar la amplificación de esa llama como sentimiento divino tangible que recorra al mundo purificándolo y limpiándolo, «en el lavamiento del agua por la Palabra» invencible.[12]

La purificación del alma en el ritual de la ascensión debe reconocerse como la manifestación de aquella prístina y original idea de Dios que los hombres llaman «alma».

El verdadero significado de «alma» es «Solar-El», que hace referencia al poder latente del ángel divino dentro del hombre.[13] (No espero que todas mis palabras sean interpretadas correctamente ni que sean comprendidas por todos, pero debo citar la ley para que puedan comprenderla aquellos que se hayan iniciado en un nivel de comprensión adecuado para la revelación inherente a este misterio). El Solar-El es la idea infinita de Dios proyectada por la luz divina a través de las llamadas siete densidades de la creación, incluyendo el reino angelical, y que se desarrolla dentro del hombre como la evolución de la energía divina que se pretendía desde el principio.

Una de las ideas más tristes relativas a la ascensión es que los que están acostumbrados al *rock and roll*, a las salchichas de Viena, a los reforzamientos egoístas y a la suave distinción y glorificación del ser inferior pueden temer en realidad que la abolición de aquello que aprecian ponga fin a sus mundos individuales. Estos viven en un mundo liliputiense que tiene significado y profundidad para ellos debido a sus viejas costumbres y a su imitación de lo que parece ser una idea placentera para la mente mortal.

Aspiramos a levantar el velo del mundo maravilloso de la magia cósmica, la magia de creer en el poder de la intención original que puede proclamarse como el amor omniconsumidor de Dios a lo largo y ancho de la urdimbre y la trama del ser. Por supuesto que se obrarán cambios. Hay que esperarlos. Pero nosotros, que conocemos cada paso del camino, os decimos a todos que los cambios serán bienvenidos una vez que el alma se aclimate y la conciencia se ajuste a su nuevo ambiente.

Naturalmente, habrá un espacio, un incremento de tiempo entre la apertura del primer sello de la realidad y la fulminación de esa poción mágica, el elixir de la Vida, en el tubo de ensayo del alma humana. ¿Cómo podría ser de otra manera? Porque ciertamente que lo que los hombres consideran vida y tienen por real, aunque tiene semejanza con la realidad, no es la realidad con la que Dios bendecirá a la humanidad. No obstante, los hombres deben entender que el trampolín de la vida actual es una plataforma desde la cual el astronauta cósmico se lanzará a dimensiones más elevadas.

Nosotros, en Lúxor, no carecemos del amor «de contacto» por todos los que vienen a nosotros y aspiran a amplificar las corrientes de la ascensión. Sencillamente no nos atrevemos a dar reconocimiento al estrato de emanación humana que, capa sobre capa, se ha formado imprudentemente de la substancia pura de luz, ocasionando que cercos oscuros rodeen el Ser del hombre como anillos concéntricos de errores.

El error produce dolor y sufrimiento. Nosotros, que conocemos el uso correcto de la energía, debemos entonces saludar al chela con lo que parece ser una manera impersonal, pero que en realidad es una concentración intensa de la llama Divina dentro de nosotros en la llama Divina dentro del aspirante. Hemos visto casos en que durante más de cuarenta años hemos concentrado esta llama dentro de un individuo antes de obtener resultados duraderos. Luego, en un instante, en un abrir y cerrar de ojos, ¡nace un Dios![14] Algunos, en un período de cuarenta días de purificación, han llegado a la posición de Cristeidad y se han preparado para la ascensión.

Que el amor sea, entonces, sin fingimiento[15] y que no sea arrebatado por los que lo derraman sobre la humanidad para atraerla a los pensamientos y sentimientos mortales. Nuestras leyes son leyes perfectas y nunca pueden burlarse. Están personificadas dentro del Espíritu de la llama en Lúxor. ¿Me permitís continuar la próxima semana y contaros más? Por vuestra libertad y vuestra victoria, YO SOY

Vuestro hermano en Lúxor,

Serapis

2

Cuando nos hayamos desprendido de esta espiral mortal

A vosotros,
que no retrocedéis ante
la espiral de la ascensión,
sino que desearíais que se os
tomara de nuevo
en el Fuego Sagrado.
He venido a transferir
la energía comprimida
de mi cuerpo causal.

Continuando mi discurso sobre la ascensión, que es el regalo de Dios para todos, os remito ahora a las obras de Shakespeare y a la declaración hecha:

¡Dormir! Tal vez soñar,
   Sí, ahí está el dilema,
porque es forzoso que nos detenga
   el considerar qué sueños pueden sobrevenir
en aquel sueño de la muerte
   cuando nos hayamos librado de esta espiral mortal
Nos darán qué pensar:[1]

Buscadores de la libertad y de la verdad, sabed que el juego de las emociones y el fuego de la mente son determinantes en la creación del registro al que se hace referencia en *Hamlet* como «esta espiral mortal». Porque alrededor del cuerpo y del ser del hombre existe energía, energía comprimida, como un resorte gigante enrollado, en algunos casos despiadadamente ajustado y en otros casos holgadamente tejido. Esta espiral rige la cantidad de tiempo y de energía que requiere cada corriente de vida para liberarse en realidad del esfuerzo mal dirigido.

Debido a que los individuos, por gracia y misericordia divinas, han ocultado a sus propios ojos la dimensión del punto al que ha llegado la degradación en que han caído en el esquema total de encarnaciones pasadas, sugiero que es preferible para todos sentir que el peso de su karma es más bien ligero que denso. Porque cuando los individuos que tienen lo que llamaríamos un karma intenso se obsesionan con la idea de ese karma, crean un cierto letargo en sus sentimientos y casi una falta de disposición para empezar a saldar la deuda kármica, sintiendo que es demasiado abrumador incluso pensar en ello.

Cuando los individuos creen que su karma es muy ligero y entran en el espíritu de echarlo rápidamente al fuego sagrado, hay una gran descarga de alegría que fluye a través de sus seres. La acción de la alegría tiene tendencia a crear maleabilidad en las espirales de energía, un alivio de las tensiones inherentes en estas espirales de energía y la liberación del individuo de las mareas incansables que, a lo largo de los siglos, han resultado ser su némesis. Al buscar, entonces, la ascensión en la luz, el poder del amor debe reconocerse como un calor ardiente que hará que los elementos de la creación mortal se fundan y que el ser del hombre se fusione en una gran laguna de luz y amor cósmicos.

Ahora bien, debido a las ideas sobre la vida y el amor asiduamente concebidas por el hombre, debido a la superficialidad de sus propios conceptos existe siempre el peligro de que esos individuos venzan a la verdad que está detrás del símbolo expresado y, por lo tanto, no adquieran el poder de la Palabra que se emitió en beneficio de su propia libertad y aceleración.

Las gigantescas reservas conservadas dentro del corazón del Cristo mientras yacían en la tumba no fueron el resultado de esfuerzos ociosos. Eran el poder de la ley y de la vida universales, de la enorme concentración de llama de la resurrección y de la receptividad del cáliz de su gran corazón de fe, que en tiempos pasados pronunció dulcemente en doradas cadencias: «Porque no dejarás mi alma en el Seol, ni permitirás que tu Santo vea corrupción».[2]

Los hombres deben llegar a comprender que es el veneno de los conceptos mortales lo que ha creado el aguijón de la muerte, que la fuerza del pecado yace dentro de la ley[3] y que son ellos los que han hecho que esta ley se lea: «Y en pecado me concibió mi madre»[4], negando a la vez el derecho inmortal de nacimiento del Padre celestial que con justicia puede decir de toda su creación: «Sois mi progenie».

Si sois la progenie de Dios, entonces «la aurora de lo alto»[5] debería residir dentro de vosotros, la espiral energética del Espíritu de la resurrección y de la ascensión, fuera de la densidad y de los patrones de letargo humanos. Mientras que es incuestionablemente cierto que una planta puede partir una roca por el poder de Vida que hay en su raíz, por fuerza requiere mayor energía para llevar a cabo esta hazaña. Si la roca no se encuentra en su camino, entonces solo es necesario mover la tierra blanda.

Por eso, permitidme afirmar con claridad que el despojarse de las espirales de energía negativa que rodean a los hombres, el abandonar viejas ideas residuales que no han traído al hombre su libertad, y reemplazarlas por mayor positividad mental ayuda a eliminar del alma el peso abrumador de los efluvios humanos y prepara el camino para colocar sobre los hombros del neófito, del buscador de mayor luz, las vestiduras Crísticas.

Los candidatos para la ascensión comprenden el plan consistente en que, tan cierto como que Él ha medido los sempiternos montes, tan cierto como que Él ha preparado un lugar para aquellos que Lo aman, el camino está abierto para que o bien los hombres continúen viviendo en la oscuridad de los conceptos y malentendidos mortales, lo que culmina en la muerte del cuerpo y en la entrega del alma, o bien acepten las oportunidades que les ofrece la vida y se conviertan en candidatos para la ascensión. Los que así hacen, acogen la oleada de la llama de la ascensión a través de sus mentes y cuerpos, pues entienden la necesidad de la regeneración, tal como entienden la necesidad de la generación.

Por supuesto, primero se ha manifestado lo que es de la «tierra, terrenal», y luego se ha manifestado el segundo hombre, que es «El Señor, que es del cielo».[6] Tal como el hombre ha llevado consigo la imagen de lo terrenal ahora debe llevar la imagen de lo celestial. Pero el peso de la carga de la luz del Cristo, que en realidad, no es carga alguna, sino solo la poderosa esencia de la libertad concentrada en el alma, debe ser aceptado como la única realidad de la vida, como la realidad del Solar-El que hace que el hombre comprenda verdaderamente el significado de las palabras: «Sois dioses».[7] Si, por consiguiente, los hombres pertenecen a Dios y en sentido posesivo son de Dios, perteneciéndole a Él, también, siendo su progenie, deben ser chispas de la llama del padre y así no solo pertenecer a Dios sino también, en verdad, ser a su vez Dioses.

Qué mentira se ha propagado en todos los tiempos y astutamente introducida en las normas religiosas del mundo. Los hombres han llegado a aceptar entonces como verdad, en el nombre de Dios, que son viles y que, en las palabras de San Pablo, «todos se desviaron»[8] completamente. No entienden cómo «quebrantar las Escrituras»; no comprenden que San Pablo estaba citando, como las Escrituras han citado desde tiempos inmemoriales, los patrones negativos en que los hombres han caído. Esta es la zanja hacia la que el ciego guía al ciego.[9] Pero los que tienen el poder de ver comprenden que la energía debe seguir al pensamiento y que el pensamiento debe manifestar la idea de su libertad aquí y ahora. Porque el que los hombres continúen revolcándose en el fango de la desesperación o del miedo es algo atormentador que niega al alma el poder del amor de Dios.

¡El amor de Dios infunde vida! ¡El amor de Dios libera la vida! ¡El amor de Dios es inherente a la vida! Fue la energía de ese amor la que levantó al Cristo de entre los muertos, le llevó a las alturas y le hizo ascender a los cielos; y en verdad una nube le escondió de la vista de los mortales[10]. «Todos los que me sigan, pues, —ha dicho él— en el ritual de la ascensión, estarán escondidos con el Cristo en Dios».[11]

La trinidad de la experiencia espiritual forma una estrella de la victoria. Hay tres puntas en esta trinidad de lo Divino y hay tres puntas en la trinidad de lo humano. Cuando todas se funden y se alcanza la victoria de la ascensión, la estrella de la victoria resplandece en el firmamento del ser de ese individuo y se convierte en una estrella victoriosa en los cielos de Dios. En sus mensajes de amor, las estrellas del firmamento del ser de Dios dicen a todos los que están abajo: «En la tierra paz, buena voluntad para con los hombres... Porque os ha nacido un Salvador, que es Cristo el Señor».[12] Cristo es el *Christos*. Él es la luz del mundo y en él no hay tinieblas.[13] Todos los que moran, entonces, en este Espíritu del Cristo se convierten en coherederos con él[14] del ritual (el derecho de todos vosotros) de la ascensión.

¡Cómo canta la Hermandad de Lúxor el Himno de la Ascensión! Hora tras hora las cadencias vibrantes y las melodías celestiales suben como un humo blanco, simbolizando una columna de nube de día y una columna de fuego de noche,[15] diciendo a todos el significado de las palabras «Donde YO SOY [estoy], vosotros también podéis estar».[16]

Amorosamente quedo de vosotros,

Serapis

3

El triángulo
dentro del círculo

A vosotros
que deseáis seguir
las huellas
de los Maestros
que han
trascendido el karma
y la reencarnación:
los científicos
del espíritu
os enseñan la ley de
la autotrascendencia.

Tal como la higuera muestra su signo, la alborada de la presciencia cósmica en el aspirante divino manifiesta los signos de la aparición Divina dentro de la mónada humana. Hay ráfagas de esperanza, colmadas del bálsamo veraniego y del portento de las cosas buenas que han de venir, sin embargo, los hombres deben estabilizar su conciencia durante el período de prueba.

Las desviaciones de la perfección no ocurrieron en un instante, sino que, en la mayoría de los casos, fueron el resultado de un debilitamiento gradual del carácter, de una aceptación cada vez menor de la responsabilidad y del deseo de comodidad humana. Tal como los músculos flácidos son el resultado de la falta de ejercicio, de la misma manera los sentidos espirituales se nublan cuando se presta atención al estruendoso alboroto del mundo enloquecedor; así, un desequilibrio antinatural de la vida ocurre en la llama trina de la manifestación de la vida dentro de cada persona así afectada por los quehaceres mortales.

Los hombres respetan la ciencia porque les parece que les ha aportado «la buena vida». Pero sin los científicos del Espíritu no habría vida en absoluto sobre el planeta, y todos vivirían en la oscuridad o en el estado tenebroso de buscar a tientas incluso la percepción sensorial física. Las luces del Espíritu han acariciado suavemente las tinieblas y las han hecho retroceder a medida que la voluntad de Dios, que es buena, ha engrandecido sus objetivos para sus hijos creados.

Los hombres se lamentan del dolor y de los sufrimientos ocasionados por su propio karma. Pero ¿qué hay de aquellos maestros sin karma que sirven en la jerarquía cuyas esperanzas son destruidas una y otra vez por hombres irresponsables? A ellos se les pide que sean como bastiones para detener las hordas de substancia mortal tenebrosa e intervenir en beneficio de la humanidad; en tanto que los hombres, una vez que han recibido la pequeña saciedad de las metas inferiores que anhelaban, a veces le dan rápidamente la espalda a la luz y se hunden en la oscuridad, como si sus esperanzas se encontraran en la confusión del mundo.

Nosotros nos preguntamos a niveles internos: «¿Será porque ellos dudan? Y cuando están convencidos, ¿no hay estabilidad en sus convicciones? ¿Debe reiterárseles una y otra vez la realidad de las octavas de luz?». ¿Qué más puedo decir aparte de que Dios ha obrado los milagros de su perfección que son las percepciones momentáneas y eternas de la conciencia de los Maestros Ascendidos?

Nuestro fuerte es de regocijo inmortal, y el pregonar de nuestras esperanzas resuena incluso sobre el mar humano. Los hombres hablan de Serapis con temor y reverencia. Honran a El Morya y el empuje del poder. Exclaman «¡oh!» y «¡ah!» ante la belleza de la conciencia de

Pablo el Veneciano. Pero ¿dónde están las legiones de Dios sobre la Tierra, y dónde están los leales que hoy nos solicitan la iniciación a los peldaños más altos aquí en Lúxor?

Volviendo de nuevo a la ciencia del Espíritu, permitidme que os entregue conocimiento, haya o no quien lo escuche, lo aprecie, lo haga suyo o lo reverencie. Cuando los hombres no progresan es siempre porque hay un desequilibrio en la llama trina de la vida. La vida que hace latir vuestro corazón es una triada de movimiento que consta de energías tripartitas. La Santísima Trinidad de Padre, Hijo y Espíritu Santo; de cuerpo, mente y alma; de tesis, antítesis y síntesis; de Brahma, Visnú y Shiva; de amor, sabiduría y poder; es también el rosa, el azul y el dorado de la conciencia divina.

La voluntad de Dios es un tercio predominante del todo, pero, al faltar la sabiduría de Dios, la dorada iluminación de su conocimiento supremo, incluso el poder ve sofocada su acción, y sin amor, el poder y la sabiduría son apenas la fragilidad de la autopreservación. El equilibrio de la llama trina crea un patrón de ascensión para todos.

Las emociones dominantes son controladas por el amor y por el poder del amor en acción. Debido a que la sabiduría de los hombres es insensatez ante Dios,[1] ellos perciben que no es en la psicología mundana, sino en el equilibrio de las energías del corazón donde los hombres acumulan los fuegos de la ascensión para el día de su victoria. El horno del ser, calentado al rojo vivo, debe por necesidad manifestar los colores del fuego sagrado y la espiral del nido de la serpiente debe erguirse, siendo levantada por las alas de la fe, la esperanza y la realización (fe, esperanza y caridad) hasta que el hombre Crístico se haya entronizado en todos. Esta es una victoria científica del Espíritu.

Este universo no se creó sin precedente. Detrás del programa no había experimento ocioso alguno, sino la sabiduría sempiterna del Creador Infinito cuyos propósitos son vagamente percibidos por los hombres de visión inferior. Las emociones controladas por el amor en equilibrio con la sabiduría crean una aguda impresión de poder que la vida no puede resistir. El progreso nace, por tanto, de la sintonización con todos los aspectos triples de Dios en equilibrio perfecto.

Benditos, si vuestra tendencia es a estudiar en exceso y a sentir la sabiduría egoísta cosechada del almacén del conocimiento mundano, recordad que, pese a todas vuestras adquisiciones, a menos que tengáis sabiduría, vuestro conocimiento no es más que un metal que resuena o címbalo que retiñe. Y si el amor que manifestáis es un amor que espera recompensa, como una dote del amado, no conocéis la voluntad del Gran Dador, cuyo deseo es dar la totalidad de sí mismo al que ama. Si vuestro poder es como una inundación o un fuego incontenible que cubre las montañas y las planicies o que consume lo que desea beneficiar, entonces debéis adquirir la maestría de la sabiduría y el amor sagrados, para que vuestro poder quede en las riendas de la Trinidad del Equilibrio.

La clasificación no es tan complicada como los hombres piensan. Las opiniones que el cuerpo mental tiene sobre el Ser, los aspectos excesivamente protectores del cuerpo emocional que a menudo se desgasta golpeando el aire como Don Quijote y sus molinos de viento,[2] el arduo apaciguamiento de la preocupación por los apetitos físicos humanos cuando se sitúa por encima del Espíritu la satisfacción de todo deseo y anhelo humano, la flagelación del yo por el cuerpo de la memoria cuando la autocondenación aumenta por una fruslería, todo esto tienen un grave efecto en la felicidad de los hombres y desbarata el propósito divino.

Los hombres deben invocar las energías del corazón de Dios que les enseñan, por la comunión y la amistad con el Ser Divino, cómo gobernar los aspectos triples y cuádruples del ser hasta que los siete cuerpos del hombre manifiesten el plan séptuple de perfección de acuerdo con la ley del cuadrado y del triángulo. Entonces el círculo cósmico de la Vida permanece intacto y el triángulo dentro del círculo se convierte en el símbolo de la victoria personal. El círculo puede colocarse dentro del cuadrado, y la forma entonces se vuelve comprensible como un aula del Espíritu y como el lugar de la consagración donde la omnipotencia, la omnisciencia y la omnipresencia de Dios se convierten en un punto fuerte seguro para el alma que asciende.

Vuestra conciencia es un tapiz inestimable. Cada día bordáis en él un motivo del Espíritu, que es imperecedero, o un patrón desigual que debe ser meticulosamente desprendido y vuelto a bordar según la intención del cielo. Somos fieles y quedamos como los amigos de todos los que seria y honestamente buscan servir a nuestra causa y alcanzar su liberación en lealtad a la ley universal que es el amor universal.

En el sentido de la conmensuración Divina,

quedo de vosotros,

Serapis

4

El estandarte
de la humildad

A vosotros
que, siguiéndole,
deseáis que os inicie
desde el principio
de la Ley del Uno
hasta el final de
el misterio de la vida:
bienvenidos a las
disciplinas de
nuestro retiro.

Aventurarse en el sendero hacia la maestría, la realización, la victoria y la ascensión es un proceso iniciático. «Porque Dios, al que ama, disciplina».[1] Pocos son los que en el pasado han atravesado las puertas cuyos estrechos marcos pueden no ser muy cómodos para quienes están colmados con las vanidades del mundo.

Se ha dicho, y con razón, que ningún hombre puede servir a dos amos.[2] Una y otra vez percibimos un frívolo desdén por la ley espiritual por parte de aquellos que se consideran iniciados en el Sendero. ¿Por qué eligen los hombres ignorar las leyes espirituales que dieron nacimiento al universo y creen que pueden evadir impunemente la ley en su totalidad mientras que sus semejantes deben quedar bajo su yugo?

Implicada en el logro hay una misión doble: tener presente tanto los grandes reinos de la Deidad, de la jerarquía y de los amigos de Dios, como las octavas del engaño. Aquí los hombres vanos compiten en los mercados por recompensas terrenas, mientras las arenas del tiempo se les escurren entre los dedos, momento a momento, y acaban perdiendo oportunidades que muchas veces no vuelven a tener durante el tiempo que les es asignado.

Ahora llegamos al severo asunto de aceptar a aquellos que han deseado y solicitado unas actas sobre la ascensión que les den las pautas victoriosas con las que, a pesar de que puedan ser severas, puedan obtener sus alas de luz y alcanzar la talla de los inmortales. Estamos bien enterados del hecho de que los individuos cuya motivación principal no es más que curiosidad ociosa mezclada con seudointelectualismo y refinamiento carnal van a desvirtuar, como hacen los aficionados, los conceptos más valiosos, y cautelosamente van a hurgar entre las perlas preciosas[3] que les llegan como oportunidad y que son desechadas como aquello que «ya sé».

Muchos desean evaluar la estatura espiritual de otros, sin embargo, ellos carecen de las medidas o señales en la estructura del ser que indiquen ese logro por el cual ellos pudieran, por lo menos, suponer que podrían hacer un cálculo razonable. La imaginación es su vara de medir y las conversaciones de otros su guía. Estos a menudo sienten que tienen que apoyarse en el brazo de la carne[4] y no pueden distinguir lo Real de lo irreal porque todavía carecen de la sagrada experiencia que se dicen a sí mismos que deberían buscar.

No siento la menor necesidad de mimar a los egoístas, a los ambiciosos, a los de mente carnal. Ellos se han mimado a sí mismos más allá de lo que lo hacen los hombres corrientes, y sus incursiones en el reino de lo espiritual se convertirán en un insulto para sí mismos a menos que alcancen la mayor recompensa que un chela o buscador de Dios puede tener: la humildad. Bien se ha dicho:

«Dios resiste a los soberbios, y da gracia a los humildes».[5]

Por lo tanto, cuando comenzamos a revelar a los estudiantes esas virtudes cardinales que son la naturaleza misma de Dios y que son como los puntos de la brújula que indican el verdadero camino, confiamos en que las almas que están esclavizadas por los convencionalismos mortales reconocerán que existe una octava de libertad y luz, misterio, iniciación y poder manifiesto que está mucho más allá de todas las concepciones vanas de los hombres o de los libros escritos sobre los maestros de la sabiduría o los Maestros Ascendidos.

La verdad, bienamados, es en realidad más extraña que la ficción, y cuando los hombres están dispuestos a deshacerse de los lazos que ellos mismos han tejido y que no les han aportado —no, ni en toda una encarnación— la libertad que secretamente anhelaban, comprenderán que la soberbia debe desaparecer, o precede la caída.[6]

Si la soberbia desaparece, entonces el altar queda limpio para los dones de la humildad divina. Si la soberbia queda, precederá, de hecho, a la caída en numerosas trampas de ese individuo. Estas trampas son sutiles, atañen al carácter moral del yo. Para poder reflejar el designio Divino previsto en el mundo de la forma, el individuo tiene que tomar el burdo bloque de piedra desgastada, cortada sin manos, en el que se ha metido y, usando las manos del idealismo espiritual y el modelo de la imagen divina, debe tratar de dar nacimiento a esa escultura sagrada de la identidad que está identificada con la realidad Crística que, como la Palabra, se emitió desde el Corazón Universal.

¿Qué valor tiene leer nuestras palabras y meditar en ellas? El valor y el beneficio residen en la aceptación de la carga de luz que ponemos en nuestras palabras y detrás de ellas. Estas palabras, entonces, como carbones ardientes de verdad sagrada, procedentes de los altares de Dios, de los altares de iniciación y de nuestro templo de Lúxor, son tríos de luz destinados a estimular en los hombres el conocimiento de los símbolos sagrados que revelan al hombre una característica de la meta.

Recuerdo muy bien cuando el Maestro Jesús vino a Lúxor siendo muy joven que se arrodilló en santa inocencia ante el Hierofante, rehusando todos los honores que se le ofrecieron y pidiendo que se le iniciara en el primer grado de la ley espiritual y del misterio espiritual. Ningún sentimiento de orgullo desfiguraba su semblante, ningún sentimiento de preeminencia o falsa expectativa, aunque bien podría haber esperado los más altos honores. Eligió tomar el bajo camino de la humildad, sabiendo que estaba reservado al gozo de Dios el elevarlo.

Elevar a un individuo es algo glorioso cuando ese individuo yace postrado en esperanza, en fe y en caridad, esperando un acto de Dios para consagrar de nuevo el yo a la sencilla cualidad de la humildad. Porque existe un acto de orgullo falso que se manifiesta como falsa humildad y hace que los individuos parezcan humildes cuando en realidad destilan orgullo. Esta falsa humildad frecuentemente se manifiesta de maneras sutiles y es una mofa de la verdadera.

Rechazad, pues, todo lo que no es real y virtuoso, los

pensamientos de vuestro propio corazón, y corregidlos si parecen estar jugando con el propósito eterno. Habéis venido por una causa, y una sola causa, y es para manifestar la luz de Dios. No ha existido un mayor propósito para nadie ni tampoco un propósito menor. Mientras que nuestra maestría aparece como un arco iris de promesa para los hombres no ascendidos, esta promesa no puede seguir siendo la luz que los guíe si no se despojan del orgullo humano.

Francamente, muchos individuos que están en el sendero espiritual utilizan su contacto con nosotros como medio para atribuir importancia a sus propios egos. Apenas si dañan nuestra causa, porque la impresionante majestuosidad de la luz divina puede escudriñar a los hombres hasta las profundidades de sus mismísimos huesos, y la llama de la penetración divina que pone a prueba a los hombres antes de su ascensión revela los mismísimos escondrijos desnudos que con frecuencia son desconocidos por los propios individuos.

Exhorto a todos, por tanto, a que busquen el estandarte de la humildad divina. Si los Maestros y la Presencia Divina de los hombres, a través de la mediación del Cristo, han reconocido alguna vez cualquiera de los errores de los hombres que les han impedido convertirse en aquello en lo que anhelan convertirse, entonces, han reconocido su orgullo. El orgullo asume muchas formas y la verdadera humildad solo una. La verdadera humildad debe llevarse eternamente. No es un vestido que os ponéis por un momento, por un día o por un año o mientras estáis pasando una prueba. Es una prenda interior con la cual Dios mismo está vestido, y a menos que os rodee vuestras esperanzas de logro son en verdad escasas.

En mis series actuales de disertaciones sobre la ascensión estoy decidido a dar en estas actas algunas de las disciplinas que considero en concordancia con vuestra capacidad de recibir y con vuestra necesidad actual. Pero tened la seguridad de esto: todos los que acepten esta enseñanza y se la ciñan sobre ellos mismos como un acto que realizar, un acto de gracia divina, se beneficiarán inconmensurablemente de ella, y de todo lo que estoy por comunicar cuando corazones receptivos, como flores abiertas, se conviertan en cálices de la esperanza de Dios renovada en el hombre.

¡Adelante hacia la luz, os digo a todos!

YO SOY

Serapis

5

La purificación de la memoria

A vosotros,
cuya voluntad
está enjaezada
al deseo absoluto de
la purificación del alma,
YO SOY el
purificador y el
fuego del refinador.

Y vi la hornaza de las tribulaciones caliente hasta la incandescencia, y percibí los ensayos de las matrices del Amor Divino. Le dije a Dios: «Oh Señor, tú has medido el infinito por tu propia fuerza, y has puesto la medida del Infinito dentro del hombre».

Y como se dijo en el Génesis: «He aquí el pueblo es uno, y todos estos tienen un solo lenguaje; y han comenzado la obra, y nada les hará desistir ahora de lo que han pensado hacer. Ahora, pues, descendamos, y confundamos allí su lengua, para que ninguno entienda el habla de su compañero».[1]

De esta manera ha actuado la Ley Cósmica y ha proscrito los límites de la residencia del hombre para guardar el camino del Árbol de la Vida[2] y su fruto con el fin de que coman aquellos cuya conciencia se identifica con la realidad, la felicidad, la bienaventuranza y la pureza divinas y con todas aquellas cualidades que son innatas a Dios.

Quienes sienten que el atractivo del mundo es mayor que el magnetismo de lo Divino debería considerar formalmente el hecho de que todas las cosas fueron hechas por Él,[3] y que está claramente registrado en las Escrituras: «Cosas que ojo no vio, ni oído oyó, ni han subido en corazón de hombre, son las que Dios ha preparado para los que le aman».[4]

La marca de la bestia debe ser percibida como la marca del hombre,[5] pero los rastros de lo Divino son visibles por doquier. No hay más ciego que aquel que no quiere ver. Por tanto, al buscar la ascensión los hombres deben examinar los motivos de Dios. Para hacer esto como es debido deben aspirar a entrar en la conciencia de Dios. Existe un sonido pulsante por todo el universo que se ha descrito como el sagrado AUM u OM.[6] Otros se han referido a él como el «Amén». Es el Infinito, moviéndose a través de la cúspide de lo finito y estremeciéndose con la vida infinita de lo Eterno.

Llegamos ahora al punto donde la memoria se ha de conocer como el «akasha» individualizado de una corriente de vida. Sin memoria, la identidad se derrumbaría. Sin memoria, no se percibiría el propósito ni habría integración del propósito. El don de la memoria está destinado a ser una facultad purificada, diseñada por Dios para permitir a los hombres elevarse en conciencia, paso a paso, hasta alcanzar la automaestría.

Todo Maestro Ascendido ha pasado por la llama de la ascensión aquí en Lúxor; pero mucho antes de la posibilidad de que ese suceso tuviera alguna validez para ellos primero pasaron su memoria por la llama. La infestación de los pensamientos y sentimientos mortales, la fluctuación con respecto a la medida divina y la terrible putrefacción de las ideas mortales acompañadas de la ambición, la venganza, el egoísmo y el deseo de expandir el ego, han causado estragos en los frágiles pliegues de la memoria.

No solo los individuos están llenos de huesos e iniqui-
dades de muertos, como dijo el Señor Cristo hace mucho
tiempo, no solo están llenos de hipocresía,[7] adulando a
aquellos que creen que les van a aportar algún bien y mal-
diciendo mediante el silencio a aquellos que desprecian,
sino que también olvidan sus promesas. Recuerdan lo que
no deberían recordar y no retienen lo que deberían retener.

No tengo la intención de pasar por alto a aquellos que
desean su liberación, porque a no ser que estén conscientes de estas cosas en las que todos los hombres han parti-
cipado, más o menos hasta cierto punto, no podrán
efectuar las purificaciones necesarias que les permitirán
entrar por mediación del Cristo viviente y amoroso, en esa
llama de Dios que se denomina la «llama de la ascensión»
y que actúa para llevar a cabo el rito final de la absolución
y de la pureza, uniendo al hombre con Dios.

Se han escrito libros, se han dado cursos y la gente ha
pasado horas enteras a los pies de los gurú; se han realizado
rituales, ejercicios espirituales, largas lecturas y meditaciones; pero en nada de todo esto hay un substituto para la
purificación que el alma debe invocar gustosamente y por
la que debe pasar. El *calor* de este *fuego* no siempre es
cómodo, ni se pretende que sea así, porque incluso San
Pedro ha dicho: «Los elementos ardiendo serán deshe-
chos»;[8] pero la gloria de estos —los fuegos de la purificación
y los resultados que conllevan— no deja de ser digna de la
sumisión de aquellos —los elementos de creación humana—,
lo cual lleva al alma al abrigo de su eterno refugio.

Los que deciden no seguir la instrucción que doy pueden quedarse en el mundo y dejar que el mundo sea su gurú. Pueden ser instruidos por las discordantes cadencias del mundo y subyugados para un propósito de realización inferior al que puede llegar bajo nuestra instrucción directa. Por lo tanto, es la memoria, les digo a aquellos de vosotros que se quedan a escuchar, la que debe purificarse, no solo del orgullo, sino también de todas las cualificaciones negativas y de los hábitos de cualificación indebida que ha absorbido a lo largo de los siglos. Incluso, en el estado onírico, los individuos son llevados al plano astral,[9] a no ser que, por necesidad, se protejan, pues allí frecuentemente absorben las cualidades negativas de individuos que no tienen interés alguno en seguir el sendero divino.

Cuando hablo, entonces, de la purificación de la memoria, me refiero a una memoria purificada al máximo, y la purificación de la memoria será un despertar a la identidad del Cristo y a la Divinidad. Toda corriente de vida ha morado en el seno mismo de la llama de la ascensión antes de que descendiera alguna vez y por eso San Pablo dijo: «El que descendió es el mismo que también ascendió».[10]

El alma vino impulsada por el propósito de hacer la voluntad de Dios, y los patrones de pensamiento humano que se han exteriorizado han sido un infortunio impresionante para los patrones radiantes del alma abajo. La cubierta humana ha opacado la luz, y los dolores del nacimiento espiritual han llevado al nacimiento en la Materia y a la cualificación indebida de la substancia.

La contaminación de la substancia en la memoria ha

convertido a esta en algo espantoso, un objeto de horror, mientras que Dios pretendía que fuera un objeto de belleza celestial donde se pudieran percibir los Campos Elíseos en su verdadera realidad, y el mundo solamente como una ficción de la ilusión mortal. Cuando esto ocurre, cuando las llamas de la purificación se extienden hasta el cuerpo de la memoria, se crea un imán espiritual alrededor del aura del individuo que lo eleva hasta una magnificencia Crística como nunca había entendido o concebido, ni aún en sus mejores momentos de sintonización divina.

Os exhorto a que reconozcáis, entonces, la necesidad de purificar vuestro cuerpo de la memoria de todos los detalles sórdidos que están allí almacenados, de todos los patrones de negación cualesquiera que sean, de todas las actividades claramente anti-Crísticas que pueden estar en forma de obsesión dentro del alma, y de todo lo que, bajo la superficie de la conciencia, no sea la pureza de la conciencia suprema de la mediación Crística de vuestro Cuerpo Mental Superior, o Santo Yo Crístico.

Algunos se han sentado frente a mí en Lúxor cuando he dado esta mismísima conferencia y han dicho: «Envíame de regreso, porque mi conciencia no es más que una cloaca de razón humana y no tengo esperanza». Hacia estos me he vuelto con una mirada de desdeño fulminante y les he dicho: «Habéis profanado el propósito divino durante siglos y ahora estáis en el umbral de la libertad por gracia divina. ¿Deseáis, entonces, regresar al mar túrgido de emociones y frustraciones humanas sin recibir el beneficio de nuestra enseñanza cuando ya estáis cerca de los portales de la liberación total?». De toda una clase no he visto volverse atrás a más de uno. Y, con frecuencia, ese uno ha permanecido cerca del portal, ha regresado en silencio a su lugar y ha continuado.

¿Veis, queridos, que se trata de una cuestión de perspectiva? Los que en el mundo sirven a las necesidades espirituales de los hombres lo hacen con la perspectiva de agradar a los hombres. Nosotros actuamos exclusivamente con la perspectiva de agradar a Dios. Nuestro deseo es realizar el trabajo, mostrar a los hombres cómo encontrar su libertad.

Los hombres necesitan *agallas* y coraje. No hay duda de que se han mimado y lo han hecho con engaño. La conversación sincera y el pensamiento recto contribuirán mucho a despejar el camino, y esto no dejará a ningún individuo fuera de la ciudadela de la esperanza, sino completamente dentro de ella.

Los hombres permanecen en el carrusel del pensamiento y sentimiento humanos porque tienen miedo a caerse. Pero este continuará sin parar. Así que saltad fuera de la rueda del engaño y del loco torbellino de la confusión humana. Venid a Lúxor, al lugar donde YO SOY.

Amorosamente continúo,

Serapis

6

La conciencia de la unión del hombre con Dios

A vosotros,
que deseáis comprender
la misión y el
movimiento de la
llama Divina sobre
la Tierra,
os digo: aprended de mí
y de mi contacto
con el fuego de contacto
y hacedlo vuestro.

¿Dónde está la morada de Dios Altísimo? Este misterio aparente, que algunos contestan diciendo: «Dios está en todas partes», no está claro para las mentes de muchos que buscan la ascensión. Para las masas, muchos de los grandes principios cardinales del cosmos son todavía apenas un susurro de voces sin tono que claramente predominan.

Corramos la cortina y mostremos la luz detrás del velo. Primero debe venir el concepto del «espacio santificado», y luego el de «profanación por el uso indebido de la energía». La idea de que Dios está en todas partes es perfectamente correcta, vista desde la perspectiva de que todas las cosas existen por Su gracia y por Su vida. Si Dios está en todas partes, entonces ¿dónde está la movilidad de su Espíritu, para que este se mueva sobre la humanidad y sobre la creación hecha por él?[1]

La gradación de la concentración de la conciencia debe, entonces, reconocerse y el devoto debe entender que cualquier punto en el espacio (que exista en conciencia autoconsciente y en una conciencia de la Presencia YO SOY) puede recurrir a la propia esencia de la Divinidad y hacer que los filamentos de su conciencia refuljan con una mayor medida de energía divina al invocar esa energía. Ahí donde se invoca constantemente la energía de Dios, y se reducen los intervalos de la conciencia ordinaria, entremezclados en la concentración de energía divina en un punto en el espacio, tiene lugar una transmutación mayor.

Que quede claro, por lo tanto, que la responsabilidad de abrir la puerta a la manifestación divina es de cada hombre. Tal como los hombres son responsables de tomar la corriente pura de energía resplandeciente que es su vida y de cualificarla indebidamente con pensamientos erróneos en contra de otros, ya sea que juzguen justificables o no esas cualificaciones indebidas, también son responsables de abrir esa gran puerta de la oportunidad cósmica en cumplimiento del plan divino. Esto se realiza recurriendo a la Presencia creadora de Dios liberada a través de Sus energías que se derraman en emanaciones ilimitadas de Sí mismo al mundo del individuo. Estas emanaciones se conocen como el «fuego de contacto» que consumirá la escoria de pensamientos y sentimientos mortales y construirá, según el designio cósmico, un sentido completo de envolvimiento victorioso por parte de la Divinidad.

Una de las grandes enseñanzas que se dieron en Lúxor cuando el bienamado Jesús asistió a nuestra escuela de misterios antiguos fue la unidad del Padre y del Hijo. La declaración «Yo y el Padre uno somos»[2] ha sido escuchada y leída por muchos que nunca han penetrado su significado ni lo han experimentado.

Seguir al Cristo en la regeneración[3] es seguir la luz del

Espíritu eterno de Dios en el hombre y hacer del alma viviente una criatura continuamente renovada. Porque es la naturaleza misma del alma transcenderse siempre, a medida que un velo tras otro de la cualificación indebida cae y revela la luz trascendente que brota del corazón mismo del Padre eterno hacia el corazón del Hijo, aquel que es vuestro yo verdadero.

Los individuos con frecuencia tienen un sentido de lucha respecto a las cosas espirituales, tal como lo tienen respecto a las cosas materiales. El «soltar» no quiere decir soltar la responsabilidad; significa transferir el sentido personal de responsabilidad a Dios y entonces aferrarse a las emanaciones vibratorias de la Divinidad teniendo presente el diseño divino. Con demasiada frecuencia los estudiantes permiten que una sensación de vacío se apodere de sus mentes en lo que respecta a dejar ir. Detener el sentido de lucha no significa que el esfuerzo divino vaya a dejar de actuar como un principio activo dentro del alma y del espíritu del hombre, tanto para su perfeccionamiento como para su iluminación.

Queridos, el conocimiento, cuando no es utilizado, puede con facilidad dejar la conciencia. Cuando un individuo comprende que aquello que se llama «realidad» es irreal, en tanto que aquello que parecía nebuloso y lejano está muy cerca, habrá dado el primer paso hacia la realización de que Dios puede, en cualquier punto del espacio —incluyendo la zona precisa de la existencia consciente actual del individuo—, acercarse mucho a él y transformar completamente sus tinieblas en luz. Jesús dijo: «Si la luz que en ti hay es tinieblas, ¿cuántas no serán las mismas tinieblas?».[4] Se refería, por supuesto, a la *cualificación indebida* de la luz que un individuo ha recibido de Dios en un momento u otro.

La conciencia de un ateo o de un agnóstico es una categoría aparte. Negar o poner en duda la existencia de la Deidad puede terminar en la negación del individuo por parte de la Deidad, pero el hecho de que el hombre existe y tiene conciencia de sí mismo y de otros es la prueba de su oportunidad actual de recibir los dones divinos y las gracias de Dios.

Desde luego, uno de los problemas inherentes al hombre de hoy es que encuentra difícil creer en un Dios hecho a su propia imagen, y tiene razón. Los hombres identifican demasiado a la Divinidad con flaquezas y cualidades humanas. Incluso la figura humana, la forma física del hombre, es a menudo erróneamente identificada con la Deidad, que es un Espíritu. Solo porque un Espíritu pueda tomar forma o animarla, y de hecho lo haga, esto no hace, de ninguna manera, que el poder del Espíritu tenga menos efecto, ni tampoco le da a la humanidad el derecho de pensar que la forma misma tiene poder de controlar el Espíritu. El Espíritu es el principio animador de la vida y su finalidad es controlar la forma.

Los hombres deben aprender a refrenar los elementos destructivos del pensamiento y sentimiento humanos dentro de sí mismos. Como se ha dicho: «los bienintencionados han llevado a menudo a los ingenuos por caminos de rosas que parecen tener el atractivo de la grandeza mental», y, por lo tanto, se ponen así a razonar las benditas oportunidades espirituales que se les han proporcionado. Aquellos de entre vosotros que se están preparando para la ascensión, o que apenas se están acostumbrando a la idea de que este ritual divino es tanto una posibilidad como una necesidad para los hombres y mujeres hoy en día, deben comprender que nada en el mundo es tan eficaz para producir las actitudes apropiadas que conducen a la ascensión en la luz como la conciencia de la unión del hombre con Dios.

Desafortunadamente, los hombres no pueden unirse a lo que no conocen o no comprenden. Por lo tanto, cuando uno estudia para presentarse aprobado ante Dios,[5] es para que la naturaleza de la Divinidad pueda quedar más claramente enfocada en la conciencia.

Es cierto que la felicidad y la paz son cualidades de Dios. Es cierto también que producir vibraciones en el mundo o incluso en la mente que no conduzcan a la felicidad y a la paz es una ofensa a los propósitos de la Deidad. No se trata nunca de que la misma Deidad sea ofendida por los hombres a los que busca impartir solo los más elevados dones. La retribución procede más bien de la Ley impersonal que, al intentar otorgar gracia a los hombres, se tropieza con los actos personales de estos y encuentra necesario que dichos actos sean arrojados a un lado para que la senda del individuo pueda despejarse de obstáculos.

Los hombres y las mujeres con frecuencia tienen tendencia a sentir que la justicia divina es injustificable. La idea de un Dios vengativo les parece detestable. Que comprendan que las leyes de Dios son las leyes de la vida y que es la muerte, o los factores que se oponen a la plenitud de la vida y de la vida abundante, lo que es el enemigo del hombre («El postrer enemigo que será destruido es la muerte»).[6] La Gran Ley Cósmica, entonces, al eliminar estos obstáculos, produce, debido a los actos erróneos de los hombres, un acto de retribución o «venganza», que pertenece a la Ley en el sentido impersonal del ajuste divino y, por lo tanto, «mía es, dijo el Señor».[7] Sin esta acción purificadora de la Ley, los hombres podrían continuar indefinidamente en la ronda de la conciencia de los sentidos, la competencia vana y la manifestación destructiva sin llevar jamás al yo ni a este planeta ni a ningún planeta en ningún sistema de mundos a la plenitud del designio divino.

En la medida en que el planeta mismo aspira a ser elevado y a ascender, la victoria de cada individuo contribuye a la victoria del conjunto. ¿No querréis, por favor, concentraros, en beneficio tanto de vuestros semejantes como de vosotros mismos, en producir dentro de vuestro mundo una mayor conciencia de la Presencia de Dios? No importa cuán cerca os sintáis de él, el filamento del ser es capaz de contener un brillo mayor del Infinito. Mientras no hayáis ascendido, siempre se puede mejorar.

¡Siempre hacia adelante!

Serapis

7

El derecho Divino
de todo hombre

A vosotros,
que en vuestro esfuerzo
no deseáis conocer
más ganancia
que el fruto
de la realización Divina,
Dios ha ordenado
la égida y la
guía de los
grandes Maestros
Instructores.

La preocupación del hombre por su legado inmortal no puede exceder la infinita preocupación de Dios ni igualarla, pero es total y enteramente posible que la preocupación del hombre dentro de la esfera relativa de su devoción se pueda aproximar a la preocupación que todo Maestro Ascendido tuvo antes de su ascensión.

Uno de los problemas principales relativos a la conciencia monádica es la insistencia por parte de los individuos —cuando se permiten caer bajo las influencias de la mente carnal—[1] en utilizar el propio libre albedrío que Dios les dio para proteger su individualidad a cualquier precio. Verdaderamente, el individualismo no es interpretado correctamente por la mayoría de los hombres, ni siquiera por muchos de entre los buscadores espirituales tras una mayor verdad. Confunden lo que podríamos denominar «derechos humanos» con lo que nosotros hemos elegido llamar el «derecho divino» de todo hombre.

Es verdad —y el mundo es prueba de ello— que los hombres emplean los derechos humanos, y el plato de lentejas humano, servido como tentación a la conciencia de Esaú, continúa privando a los hijos primogénitos de su herencia eterna.[2] Pero el derecho divino es otra cosa. El derecho divino es el plan inmortal para el hombre universal. El propósito de la Mónada —esto es, la individualidad del hombre ideada por Dios y su gravitación natural hacia la unidad de su Verdadero Yo— es el primer principio o piedra base, en el que el patrón inherente de la manifestación Crística única está autocontenido.

Los individuos buscan en el exterior lo que ya está en el interior. Tal como el patrón entero de la naturaleza se manifiesta en la semilla, así, en la semilla divina de la Palabra viviente está la identidad Divina, la identidad Crística y la identidad anímica inherentes en todo hombre. Esto es lo que realmente quiere decir la afirmación: «Ninguno puede servir a dos señores; porque o aborrecerá al uno y amará al otro, o estimará al uno y menospreciará al otro. No podéis servir a Dios y a las riquezas».[3]

El amo humano ha intentado esclavizar a su propia identidad divina latente, que es la fuente de toda vida y, de esta manera, el amo humano ha creado una servidumbre propia que mantiene a los individuos esclavizados, no a su divina Presencia, ni siquiera al Verdadero Ser, sino a innumerables patrones mundanos cuyo fin es siempre la transición y el cambio.

Los patrones inmutables de la identidad divina son la mayor certeza para cada corriente de vida de que la carrera que el hombre ha emprendido llegará a cumplirse victoriosamente. Cuando se hizo la afirmación «Cosas que ojo no vio, ni oído oyó, ni han subido en corazón de hombre, son las que Dios ha preparado para los que le aman»,[4] fue para que sirviera como un lazo de comprensión entre Dios y el hombre, que enfocara en la conciencia la bendita certeza del propósito divino como una protección contra la tendencia de los individuos a destruirse innecesariamente en las rocas y los peligros ocultos de la vida.

Para crear ese tejido espiritual esencial entre la Identidad autoconsciente (la cual puede aceptar claramente al YO SOY EL QUE YO SOY como el Yo Verdadero) y la Presencia universal de la Vida, es necesario que el buscador entienda, en la mayor medida permisible bajo la ley divina, la diferencia entre los aspectos inciertos de la vida humana y los patrones guiados por Dios que devolverán a Dios lo que es de Dios.[5]

Es una verdadera lástima, en verdad, que millones que buscan los tesoros espirituales lo hagan debido al instinto de autopreservación, motivados por el deseo de ser buenos con la esperanza de una recompensa por serlo. Los que están motivados por el amor divino llegan a un lugar en el camino que lleva a la identificación Divina donde reconocen la supremacía de los ideales divinos, como hizo Abraham, quien escuchó la voz de Dios que le decía: «YO SOY tu escudo, y tu galardón será sobremanera grande».[6]

Mientras los individuos sigan aspirando a dominar el mundo de la ilusión por sí mismos, perderán su alma, o serán los rechazados del reino que no es de este mundo.[7] De vez en cuando, ha habido almas que han aspirado a glorificar las condiciones del mundo exterior y a glorificarse a sí mismas sobre el fondo de sus fachadas; han perseguido así una corona temporal mientras aparentaban seguir el sendero espiritual. Uno de los problemas actuales, y el principal en lo que respecta a la ortodoxia moderna, es que, aunque es mucho mejor tener y practicar alguna forma de religión que no tener ninguna, los conceptos de error mortal sobre las cosas sagradas son, hasta el presente, muy grandes y están sutilmente escondidos bajo una superficie de aparente Santidad. Esto incitó a San Pablo, ya en su día, a declarar sobre la apostasía: «Tendrán *apariencia* de piedad, pero negarán la eficacia de ella».[8]

La religión se ha convertido en una capa que se lleva como condecoración al mérito ante la vista de nuestros semejantes, en tanto que el aspirante a la verdad y al contacto con la jerarquía de la luz y de la Gran Hermandad Blanca debe, por fuerza, ponerse directamente bajo la égida y la guía de los grandes maestros instructores. Esto dispuso Dios para que todo lo que se comunique a la humanidad pueda desprender los fragmentos de error de sus conceptos sobre la ley cósmica. Entonces, por medio de la verdad, se puede avanzar y el alma reflejará su pureza prístina a medida que un motivo tras otro sea transfigurado mediante la absorción de la naturaleza de la Deidad. De este modo, más que pretender humanamente cualificar la vida con un patrón espiritual, que a muchos les parece una valla que el hombre no puede saltar, se pone en los brazos del Amor Divino y deja que Dios alivie su alma.

Dios nunca ha forzado al hombre a aceptar ningún ejercicio espiritual como requisito para la realización, aunque estos han sido dispuestos por Él y están a disposición del aspirante para que pueda acortar los días de su esfuerzo terrenal. Dios en verdad ha proporcionado un hermoso vínculo entre la realidad y la ilusión con el concepto de la jerarquía y de la Cristeidad universal. Mientras hombres y mujeres sigan pensando que solo un hombre en la Tierra puede manifestar la perfección del plan divino, seguirán sintiendo el embate de la ley y percibiéndose como manifestaciones débiles e ineficaces hundidas en la degradación del pecado.

Cuando el pecado sea substituido por la sinceridad que reconoce la majestad del Creador Cósmico, el hombre percibirá junto con Dios que nada de lo que Dios ha hecho puede haber sido nunca nada más que bueno. Y así, en la medida en que Dios hizo al hombre, el hombre se creó bueno. Por lo tanto, si ha habido alguna caída de la bondad de Dios, ha sido dentro de la conciencia de los hombres y, por consiguiente, es la conciencia que ha caído la que tiene que levantarse hasta que se vuelva a unir con la bondad que fue su origen natural y que por siempre será su medio supremo de salvación.

Debido a que la ascensión en la luz es la meta de toda vida sobre la Tierra, estén o no las partes individuales al corriente de ello, es esencial que la vida sepa que el fruto del esfuerzo es la realización Divina. No hay necesidad de tener un sentido de lucha sobre esto, sino solo un sentido de aceptación, que fue declarado por San Pablo: «Cree en el Señor Jesucristo, y serás salvo»,[9] lo que equivale a decir: «Cree en el poder de este ejemplo Infinito-finito como algo que tú mismo puedes alcanzar, desecha el sentido de pecado, enfermedad y muerte, y entra en la belleza de la integridad (santidad) y del idealismo Crístico».

Si Dios de tal manera amó al Hijo unigénito, el Cristo,[10] y si el Cristo es la imagen divina, entonces esta es la imagen de Dios según la cual todos los hombres son creados. Por lo tanto, esta imagen *es* el derecho divino de todo hombre. El retorno a esta imagen no necesita ser una maniobra complicada o un carisma dogmático, sino que se puede convertir, mediante la sencilla conciencia del Mesías, en el medio por el cual todos puedan entrar al reino de los cielos que está entre vosotros.[11] Así se refinará vuestra conciencia y ascenderá hacia la Deidad con la que toda vida debe fundirse.

Progresivamente vamos avanzando como pequeños niños hacia el reino.

YO SOY vuestro hermano,

Serapis

8

Paso a paso
se conquista el camino

A vosotros,
que mantenéis
la percepción
del lazo invisible
de la jerarquía y
que deseáis comprender
el significado del
hilo de contacto
os digo: dejad que
el alma
sea restaurada a su
imagen Divina original
para que sus ojos
se abran.

Ahora que hemos visto y revisado la naturaleza de Dios y del hombre, llegamos a esas disciplinas y pruebas que preceden a la manifestación de las corrientes de la ascensión por las cuales los hombres son literalmente elevados a los dominios Divinos de donde vinieron.

Cuando se hizo la declaración: «Procura con diligencia presentarte a Dios aprobado»,[1] muchos la escucharon y aparentemente la aceptaron. Pero también debe tomarse en consideración la advertencia que se le hizo a Juan el Revelador (ahora el Maestro Ascendido Juan el Amado) cuando pidió el *librito*: «Tómalo, y cómelo; y te amargará el vientre, pero en tu boca será dulce como la miel».[2] Así, en tiempos antiguos se hizo esta declaración para mostrar la incongruencia de la carne y del Espíritu y la necesidad de que la carne acepte con dulzura el peso del Espíritu (la responsabilidad cósmica) y la manifestación de la Palabra viviente como la única causa que origina la acción.

Una y otra vez los individuos han sido demasiado dominados por las circunstancias externas. El peso de las opiniones humanas es también considerado de gran importancia para muchos que declaran aspirar al reino, pero que en realidad buscan la aprobación y el favor de los hombres. Si los ojos de los hombres estuvieran abiertos y ellos poseyeran la virtud de la verdadera percepción, nunca dudarían en forma alguna qué curso tomar.

En las Sagradas Escrituras hay innumerables ejemplos de esta verdad. Está la historia de Balaam, hijo de Beor, que fue reprendido por el asno torpe que le habló con voz de hombre.[3] Está el relato del discípulo Tomás que dijo: «Si no viere en sus manos la señal de los clavos, y metiere mi dedo en el lugar de los clavos, y metiere mi mano en su costado, no creeré», y la respuesta que le dio Jesús: «porque me has visto, Tomás, creíste; bienaventurados los que no vieron y creyeron».[4]

Existe en el mundo de hoy un sentido muy peligroso de refinamiento mundanal que tiene sus raíces enteramente en el orgullo personal; atrapados por esta pseudorrealidad, los individuos se consideran calificados para actuar como árbitros de su propio destino. En general, quienes se enredan a este respecto son los que han realizado amplios estudios en diversos campos de la religión y de la filosofía. Es como si los hombres estuvieran convencidos de que estudiando mucho encontrarán la verdad divina.

A fin de estudiar para presentarse aprobados ante Dios, no es necesario que los individuos dominen completamente la teología humana o la religión comparada. De hecho, con frecuencia es cierto que cuanto más estudian menos saben los hombres. Y por eso, las palabras «el que no reciba el reino de Dios como un niño, no entrará en él»[5] tienen gran significado cuando se trata de aceptar el dulce sentido de las realidades invisibles de Dios.

Si tuviera que escoger entre los candidatos a la ascensión cuál es el más apto para alcanzarla, siempre optaría por la persona dulce y candorosa que pudiera aceptar la verdad divina con la luz de la alegría en sus ojos, en contraste con los excesivamente precavidos, desconfiados y suspicaces cuya actitud amenazadora muy a menudo resulta una amenaza para ellos mismos.

Os preguntaréis por qué hablo así. Es exclusivamente por el amor a los propios hijos amados del Creador a los que trato de resucitar, por medio de la conciencia divina, a las mayores mareas de la gracia cósmica. Porque estas los llevarán hacia arriba y hacia adelante por encima de todo obstáculo, a veces a ritmo vertiginoso y después una vez más con el sosegado sentido de saber que va de la mano de Dios con la confianza de un niño pequeño.

¿Qué niño es este? ¿Quién es este Santo? ¿Quién es este hijo dedicado que posee la percepción del vínculo invisible de la jerarquía? Que quien así sea comprenda el significado del «hilo de contacto», como Morya lo llama. Porque este «vínculo de la jerarquía», este «hilo de contacto», denota la fragilidad de la experiencia divina cuando el hombre todavía está identificado con la forma y la conciencia humanas y unido a ellas.

Si los hombres y las mujeres pudieran entrar en la conciencia etérica de Dios, se les daría a conocer la esencia de la creación y no habría necesidad alguna del velo que actualmente existe en el templo del ser entre el Sanctasanctórum y la conciencia exterior del hombre. Como la moda de la época lo exige, los individuos intentan seguir los estilos y las tendencias del pensamiento y el sentimiento humanos. Qué fraude es el «no sé nada» meramente existencial que busca elevarse ante los ojos del universo y dice de una vida que hoy está aquí y mañana no: «Mírame, existo; y porque existo, soy».

Hay un viaje largo y difícil a través de los resecos desiertos de las pruebas autoimpuestas y de tribulaciones, antes de que la tierra prometida de la realización Divina pueda alcanzarse. Los fuegos de las alturas deben transmutar y probar las obras del hombre[6] que aspira a convertirse en lo que Dios ya es y en lo que Dios guarda para siempre como el plan perfecto para todo hombre.

¿Por qué hablo de esta manera, amados? Algunos dicen: «Serapis cambia de opinión cada dos por tres y me dice lo que ya sé», mientras que otros dicen: «Nunca había oído a nadie hablar como este hombre». Toda esta conversación trivial no tiene objeto, y proviene sólo de la motivación personal y de la ignorancia personal.

Cuando Jesús dijo: «Padre, perdónalos, porque no saben lo que hacen»,[7] se refería a las multitudes que pasaban por la puerta ancha. La puerta angosta debe excluir los errores despreciables de los hombres, pero ellos deben estar dispuestos a reconocer el hecho de que han errado y deben llegar a ese arrepentimiento de corazón en el que podemos impartirles sin peligro y con medida divina los mandatos del Infinito para la mente y el ser finitos. El salmo de David «El Señor es mi pastor; nada me faltará. En lugares de delicados pastos me hará descansar; junto a aguas de reposo me pastoreará. Confortará mi alma [. . .]»[8]

muestra claramente en su modulación reconfortante que el alma debe restituirse a su imagen divina original.

Muchos hombres y mujeres no saben verdaderamente que el alma se ha desatado de sus amarras eternas. Sienten que el alma se ha extraviado temporalmente y que por necesidad sus corrientes de vida deben aceptar y poner en práctica algún proceso taumatúrgico, fórmula espiritual o doctrina de salvación para poder obtener la libertad eterna.

Buscan, por tanto, una religión con un modelo que puedan aceptar que les proporcione, para todo tiempo futuro, tanto el perdón de los pecados como el don de la gracia divina. Los hombres no se dan cuenta de que ellos mismos se han extraviado del camino y que, por tanto, son ellos los que deben encontrarlo de nuevo. No se dan cuenta de que sus conciencias específicas están implicadas en este extravío del camino ni de que la conciencia que han perdido es la conciencia del Ser Divino que deben recuperar personalmente.

Ninguna letanía, ninguna fórmula mágica ni siquiera una súplica a la Deidad posee por sí misma la plenitud del poder de la realineación de los cuatro cuerpos inferiores en conjunción con el equilibrio de la llama trina. La realineación se alcanza por la sencillez de la mente del Cristo Cósmico que siempre se niega a reconocer que haya estado involucrada alguna vez en un estado de conciencia por debajo de la dignidad de la verdad y la majestad de la Divinidad.

El deprimente golpear de los puños apretados sobre el pecho de los hombres, cuya intención es manifestar una humildad abyecta a la Deidad e invocar su misericordia en tiempos difíciles, donde falta el verdadero espíritu de arrepentimiento, tiene poco efecto en la producción del estado de conciencia de Dios y de percepción divina que la ley requiere. El verdadero sentido interno de identificación con el Cristo Cósmico es de belleza y regocijo, es el bello reconocimiento y la percepción de las leyes de amor y misericordia, es el reconocimiento del tierno deseo de la Deidad de elevar al alma por la escalera cósmica de la creación. Paso a paso se conquista el camino hasta que cada uno contempla por sí mismo el anhelo puro del Espíritu que aspira a ser uno con el ser creado que el Espíritu ha hecho.

No hay lugar en la Divinidad para argumentaciones teológicas especulativas, porque en su conciencia pura Dios no está consciente del pavoroso descenso del hombre a la complicación mortal. Solo el Santo Ser Crístico tiene esta conciencia y actúa para mediar, en su calidad de asesor a la Divinidad en la situación mundial general.

Y así, la actual rebelión de los elementales en contra de las imposiciones de los hombres mortales continúa, y los lamentos de los que están perdidos en la sofistería de la falsa supremacía proseguirán, tal como el cielo continúa llamando hacia arriba a los hijos de Dios, paso a paso, hasta que por medio de su atención puesta en Dios su conciencia se convierta en la única realidad que es la llama de la ascensión.

En nombre de la libertad quedo,

Serapis

9

Volver a despertar
el sentido Divino

De vosotros que
venís a nuestra morada
para se os discipline
sobre la vida,
requerimos
la purificación de
la corriente turbia
y acciones meritorias
para que el alma pueda
conocer al Espíritu Santo
a través de su don
de regeneración.

Millones de hombres solitarios son totalmente incapaces de ver el vínculo con la realidad Divina, que conecta lo finito con lo Infinito y que penetra al destellar como un meteoro en su propia alma para iluminar la noche más oscura. El flujo de la conciencia Divina, como río interminable, se encamina a través de las numerosas experiencias del hombre que personifican tanto el sentimiento de desolación como el entusiasmo de la exaltación.

Cuando tiene lugar la purificación de la corriente turbia del pensamiento humano y la fuente de sus energías se vuelve cristalina, al reflejar luz y energía cósmica que alientan los cuatro rincones de la mente y que revelan a la conciencia anímica las maravillas de la realidad divina con tanta hermosura, entonces el alma es en verdad bienaventurada.

Nuestras disciplinas tienen siempre como finalidad la regeneración, porque sin este don y sin esta actividad, que desciende del Espíritu Santo, el hombre no podría alcanzar la vida inmortal. La vida es Dios, y Él es el Árbol de la Vida que se alza en medio del Jardín. Toda forma de manifestación recibe su vida de Él. Además, sus conceptos magistrales, tal como aparecieron en el universo prístino, observados por el hombre según el concepto inmaculado, evocarían desde el corazón con toda naturalidad la espléndida exclamación «¡Es bueno!».

Tan sencillos y candorosos son los atributos del reino que los hombres los pasan por alto y por lo tanto los dejan escapar. Las bendiciones de Dios están en la vida por todas partes. La vida está repleta, así como es perfecta, con los más maravillosos matices de deleite que la Divinidad misma podría disfrutar; sin embargo, a los hombres parece faltarles el poder de percepción, la sensibilidad para percibir la vida misma. «Teniendo ojos para ver, y no ven, teniendo oídos para oír, y no oyen».[1] Tampoco sienten ni tocan la realidad de Dios.

Una de las mayores bendiciones que pueda llegarle al individuo encarnado es el despertar del sentido divino y del asombro candoroso que tantos tuvieron en manifestación al principio de su vida. Me gustaría decir a este respecto que hay almas actualmente encarnadas en la Tierra en las cuales el patrón kármico de sus corrientes de vida ha sido tan supremamente desolado y rebelde que ya desde niños manifiestan un odio desafiante y virulento. Aunque los hombres puedan deplorar las manifestaciones de estos rebeldes, es necesario recordar, como un punto de mitigación para toda la vida en la Tierra, que muchos de estos individuos han estado separados del planeta y de las evoluciones de la vida del planeta durante incontables generaciones esperando una dispensación de oportunidad para reencarnar.

Aunque es verdad que hubo cierta acción definida de castigo en esta larga separación, también es verdad que ellos no han sido capaces de resolver ninguna medida substancial de su karma mientras esperaban reencarnar. Estas almas, entonces, con toda su agitada rebelión, su resentimiento y su miseria que ellas mismas se buscaron, necesitan de una cierta cantidad de comprensión por parte de los devotos de la verdad que les proporcione alguna oportunidad y un entendimiento de la bondad del universo.

Se ha dicho que «con la medida con que el hombre mida será medido», pero también se ha dicho: «Su misericordia es eterna».[2] Por lo tanto, mientras que estos individuos tendrán muchas oportunidades en la vida mundana de enfrentarse a las mareas de rebeldía que ellos han creado y que han convertido en su morada, depende de nosotros comprenderles y concederles, incluso como parte de nuestra propia disciplina, alguna medida de misericordia y de gracia Crísticas. Las energías salvajes que operan en estos individuos deben vigilarse con cautela, y los que en algún momento trabajan con ellos siempre deberían tener cuidado de protegerse con el poder de la luz contra las aguas revueltas de la agresión humana y las energías oscuras que estos individuos despliegan.

He incluido este tema en mis Actas sobre la Ascensión debido a que uno de los problemas de la disciplina espiritual relacionado con la victoria de la ascensión es la tendencia de los individuos —después de haber manifestado gran autocontrol por medio de su contacto con las disciplinas de los Maestros Ascendidos— a volverse demasiado indiferentes e insensibles a las condiciones mortales que sin duda deben enfrentar hasta que haya sonado la final trompeta.[3]

Hemos visto numerosos casos en los que los individuos han realizado todos los rituales necesarios y todas las disciplinas espirituales que la ley requiere para poder merecer la ascensión en la luz. Entonces, por el trato desprevenido de un individuo, han creado un patrón kármico que ha impedido el progreso de su ascensión para el equilibrio de toda esa encarnación, siendo necesario que regresen al escenario de la vida, contrariamente a sus propios deseos.

Deseo, por tanto, señalar que incluso un acto de indiferencia justificada hacia un individuo puede a veces ser un impedimento. Naturalmente, debéis ser sumamente precavidos y no permitir que vuestras energías se mezclen con ninguna parte de la vida de una manera disipada y sin objetivo. Pero, de la misma manera, si un individuo busca el néctar de la bondad humana (que, cuando se administra debidamente, es bondad divina), sería bueno no negárselo porque después de todo, debe tenerse siempre en cuenta que seguimos el modelo de Dios y que «su bondad es eterna».[4]

No temáis lo que los hombres puedan haceros, mas sed el amo de vuestros propios mundos al dejar al Dios interior mantener alto el modelo de su amor. Cuando entregáis vuestra lealtad a Dios, esto no significa que despreciéis a nadie en su reino que quizá manifieste menor comprensión. El hecho de que a los individuos en la Tierra ocasionalmente les moleste que alguien adore a un ángel o a un ser cósmico menor (menor, esto es, en la conciencia del observador) a menudo provoca lo que llamaríais *risitas ahogadas en el cielo*. A estos objetantes no les importaría que se honrara al Arcángel Miguel o a Jesús, pero, de modo imaginable, critican el que un individuo le rece a la Madre María, a alguno de los santos «de menos categoría» o incluso a un ángel desconocido por las masas.

Creo que al cielo le divierte un poco que las leyes de la ciencia sean tenidas en tan alta estima por la humanidad y, sin embargo, se apliquen tan pobremente a las cosas espirituales. ¿Acaso no es el todo la suma de las partes? ¿Y quién puede poner sus brazos alrededor de todo lo que es y abarcarlo? ¿Es un grano de polvo de diamante menos diamante que una piedra de diez quilates en el turbante de un emperador mogol? Sin embargo, no puedo dejar de comentar el hecho de que, por ignorancia, así como por mala información deliberada, la humanidad de la Tierra está hoy en día, en general, lejos del camino trillado del devoto espiritual que lleva a la puerta estrecha.[5]

La religión, cuya finalidad fue ser una herramienta que llevara a la realización del alma, se ha convertido en el medio por el cual el enemigo ha ennegrecido la conciencia de los hombres y los ha arrojado a las tinieblas de afuera.[6] En el nombre de Dios, amados, se necesita más que sólo el deseo de servirle para hacerlo, ¡y se necesita más que el deseo de realización para lograrlo! Si queréis ser un instrumento de Dios sobre la Tierra, debéis manteneros firmes y estar deseosos de ser considerados ayudantes de la causa de Dios sobre la Tierra. Hay muy pocas personas que comprenden los misterios de la verdad viviente que libera a los hombres de los engaños del mundo.

Os imploro, en nombre de la jerarquía y con el interés de que alcancéis vuestras ascensiones en la luz, que elevéis vuestra mirada hacia el reino de la belleza y el amor, de la armonía, la seguridad y la inmortalidad, de la alegría, la fuerza y el asombro divino, ¡y que viváis! Hay muchos pasos que dar.

Vuestro instructor,

Serapis

10

La memoria y el magnetismo residual

A vosotros,
que permaneceréis conmigo
para se os instruya
divinamente, os digo:
observad y ved cómo
consumiremos el sudario
del error y el magnetismo
residual de la muerte
por medio de la
conciencia viviente de la
llama de la ascensión.

Deseo ocuparme ahora del antiguo magnetismo residual. La ley de la gravedad, amados míos, mantiene vuestros cuerpos adheridos al suelo con un propósito; de la misma manera, todos los componentes de la ley natural, que son maravillosos, rebosan con propósito infinito.

Cuando se contempla la profundidad de la sabiduría de Dios, aunque sea solo en parte, puede evocar gritos de júbilo, como los del niño pequeño que, al meter los pies en el agua helada de un riachuelo, reacciona con felicidad y regocijo. La ley es muy impersonal, bienaventurados, tal como se expresa en la naturaleza. Una parte de la naturaleza es la facultad de la memoria. Por ejemplo, las espinas no rodeaban la rosa en los primeros tiempos de la Tierra. Cierta actividad destructiva por parte de la humanidad tuvo como resultado que los diminutos elementales reprodujeran lo que los hombres han llamado púas protectoras y así se crearon largas espinas puntiagudas cuando los miedos y dudas de los hombres se grabaron en la memoria de la naturaleza y luego descendieron a la octava física.

En términos generales, la religión ha supuesto que Dios ha creado todas las cosas que existen; sin embargo, los hombres no han tenido en cuenta la influencia de sus propios sentimientos y pensamientos en los actos de creación que ocurren diariamente dentro de su propio dominio. En verdad al hombre se le dio el dominio sobre toda la Tierra,[1] pero no ha contado con el concepto del libre albedrío ni con la longevidad de las oleadas de vida que han habitado la Tierra, suponiendo que la duración de la existencia de la Tierra, en lo que se correlaciona con la historia y la civilización, abarca un poco más de cinco mil años.

Muchas evoluciones que han habitado la Tierra han tenido tiempo suficiente para transformar gran cantidad de las condiciones externas de la naturaleza y de traer desde la Vida Universal muchos patrones que nunca formaron parte de la creación original. La memoria de la raza y la memoria de la naturaleza se han dividido y subdividido una y otra vez en porciones tan diminutas de manifestación que han dejado pequeñas las mentes de los más grandes científicos. Nosotros, que vemos desde el interior, contemplamos subcapa tras subcapa de la creación que aún no ha sido desprendida por la cuchilla afilada de la sagacidad del hombre.

Existe por un lado la memoria del individuo, la memoria del yo: nombres, rostros, lugares, conceptos, abstracciones y preceptos. Pero también existe otro tipo de memoria que es el que nos ocupa ahora. Omar Khayyam escribió:

> El dedo móvil escribe; y, al haber escrito,
> sigue escribiendo: ni toda tu piedad ni tu ingenio
>   lo persuadirán de que anule ni media línea,
> ni todas tus lágrimas borrarán una sola Palabra.[2]

De los actos y pensamientos de los hombres se puede decir lo siguiente: que están todos registrados, cada uno de ellos. Cada tono sutil, cada matiz de significado, encuentra el camino hacia el almacén de la memoria subconsciente. Están literalmente sepultados con los huesos del hombre y sobreviven transición tras transición; cada vez que el hombre reencarna regresan con él, formando el registro de su vida.

Cuando se examina por un momento la exactitud vivificante de este registro y se considera con el corazón el efecto de los pensamientos hermosos, muchos deberían sentir la necesidad de elevarse a niveles angelicales de percepción. ¿Por qué han de vivir los hombres en los sótanos oscuros y húmedos de la creación humana? ¿Por qué el conocimiento subconsciente acerca de sí mismos que los hombres han atesorado ha de echarse en desorden sobre el sofá de un psicoanalista? ¿Se trata de lo que podemos llamar «una terapia» o es la putrefacción de antiguas ideas vertiéndose en la conciencia del hombre actual?

La panacea que los hombres ansían, si acaso se puede decir con justicia que existe, está dentro del dominio de la misma memoria que alberga los pensamientos de negación; el mundo la ha llenado casi completamente con la naturaleza sórdida del hombre carnal. Ahora, si quieren ascender, que aprendan a erradicar esta imagen llenando los pliegues de la memoria con las ideas suaves, gentiles y hermosas de la resurrección y de la llama de la resurrección.

La naturaleza ha proporcionado imágenes hermosas por todo el mundo, como es el entorno, y los que las perciben pueden responder a ellas hoy a pesar de todas las cualificaciones indebidas ocurridas anteriormente. Los mayores favores para la ascensión son los conceptos inmaculados de Dios. Sus conceptos sobre cualquier cosa fueron benignos y por eso dijo, con el poder de la Palabra viviente, «Todo lo que hice es bueno».

Considerad, amados, el significado de la disciplina del pensamiento que exige el concepto inmaculado sobre toda parte de la vida y se niega a aceptar las pautas erróneas que, como magnetismo residual, se aferran a la conciencia de los hombres como un sudario. Veremos, al ir avanzando —y me dirijo a los que permanecerán conmigo para que se les instruya divinamente— cómo vamos a consumir este sudario y a reducirlo a cenizas. Veremos cómo Dios va a transmutar y a convertir los objetivos carnales en la espléndida manifestación de la luz viva de Su Presencia. Contemplaremos cómo, en emulación de la majestad del Cristo que se presenta para dar un nuevo sentido de victoria a la humanidad, hombres y mujeres nacerán hoy de nuevo gracias al estudio y aplicación de estas actas que proceden de la conciencia viva y flameante de la llama de la ascensión.

Debemos ser hombres prácticos al tratar estos problemas. Nosotros mismos no podemos ser avestruces, aun cuando nuestra conciencia esté en las nubes de la gloria inmaculada de Dios. Para servir a la humanidad, debemos encontraros en el nivel donde estéis y señalaros el camino hacia vuestra emancipación. El futuro es lo que hacéis de él, así como el presente es lo que habéis hecho de él. Si no os gusta, Dios ha proporcionado un camino para que lo cambiéis y el camino es por medio de la aceptación de las corrientes de la llama de la ascensión.

La causa, el efecto, el registro y la memoria de todo lo que está incompleto, de todo lo que es oscuridad, de todo lo que es intransigente, deben ser abandonados voluntariamente por el alma que aspira a la libertad del estado ascendido. Si os conformáis solamente con revolcaros en ciertos episodios de vuestra historia personal, con buscar una declaración intrapsíquica de vuestros anteriores registros, podéis lograrlo si lo buscáis con la diligencia suficiente, pero se tratará tan solo de una conglomeración de circunstancias triviales de las cuales un día desearéis escapar como de un mal sueño o se convertirá en atractivo del astral, como lindas baratijas y relucientes chucherías para distraeros del sendero que os conduce a la libertad inmortal.

Para poder ascender, debéis abandonar vuestro pasado a Dios, sabiendo que él posee el poder, por su llama e identidad, de convertir todo aquello que habéis labrado de mala intención y confusión en la belleza del diseño original, el cual, por el poder de Su amor, produjo el fruto de bondad eterna. Desechad, pues, la ilusión, velo tras velo de la «persona personal», y ¡poseed la disposición, en el nombre de Dios Todopoderoso, de cambiar vuestro mundo! Así podremos convertir el mundo en un sitio que reciba la presencia magistral del Cristo vivo en una Segunda Venida de dimensiones tales que produzca una raza de hombres Divinos, de hombres temerosos de Dios, de hombres que amen a Dios, ¡de hombres que construyan una pirámide de verdad en las llanuras del mundo, una pirámide que resista las pruebas de la erosión, del tiempo, de la acidez mortal y de la necedad humana!

La llama no debe perderse. No debe anularse. No debe extinguirse. La llama debe sostenerse a toda costa. Y la llama es vuestra, porque Dios así lo dispuso. Dios os la dio, y es para que alumbréis la esfera de vuestra identidad que late a vuestro alrededor, para hacer retroceder la oscuridad hasta que el resplandor de la realidad limpie vuestro mundo de miedo, duda, deshonra y privación y os proporcione todo aquello que Dios quiere que su Hijo amado tenga.

Seguid adelante, mis valientes. No perdáis de vista, ni por un minuto, la meta final mientras seguís moldeando el presente porque prevaleceremos por medio de la unión con Dios y la unión de unos con los otros. Con la fuerza misma venceremos porque así lo desea Dios. Vuestra ascensión es lo que Dios desea para vosotros.

En el amor más profundo,
quedo de vosotros,

Serapis

11

Duda, escombros
y
conceptos mortíferos

*Desde el corazón
de la gran pirámide de la vida,
me dirijo a vosotros que
tenéis oídos para oír:
con la llama
de vuestra propia
realidad Divina,
consumid todas las dudas
que tengáis sobre Dios
y los emisarios
que Él ha enviado
para salvar vuestra alma,
entrad, entonces, en los
vestíbulos de Lúxor
y contemplad la ciencia
llameante de la ascensión.*

De pie ante los pórticos de la realidad, deseamos deshacernos de un concepto humano corrompido que ha destituido a más de un individuo del trono de la gracia y ha desviado del sendero de la rectitud a más devotos de lo que uno pudiera aparentemente imaginar. Me refiero aquí a la manifestación de la duda mortal relativa a la realidad de los Maestros Ascendidos, la realidad de la Gran Hermandad Blanca, la realidad de nuestros esfuerzos externos e incluso la realidad del buscador individual.

Existe una duda que nace del orgullo y que hace que los individuos eviten todo lo que en un principio consideran indemostrable. Esta duda disipa la fe, hace caer a la conciencia en un estado de trepidación, aumenta la confusión y mata los frutos de la fe. No hay hombre que desee ser víctima de un engaño, y su orgullo personal le dice que si no es prudente puede fácilmente serlo. Y, así, el refinamiento de la razón terrenal contrarresta las grandiosas realidades tangibles de Dios Todopoderoso que moran en el reino invisible y funcionan en toda manifestación exterior.

El viento sopla y el hombre no lo ve, pero la manifestación de su efecto es evidente por doquier. No pretendo que, por un simple movimiento de mi mano, quienes no creen en mi realidad súbitamente se transformen en verdaderos creyentes. Me limito a citar la ley, a aconsejar muy severamente y a poner al descubierto la falsedad de este enemigo de la fe. Sin fe es imposible agradar a Dios y, por consiguiente, con fe y por su gracia todo se hace posible porque «Él es galardonador de los que le buscan».[1]

La duda persistente que acecha en los pliegues oscuros de la conciencia humana es la que se convierte en la semilla que infecta, extendiéndose como un cáncer por la conciencia de los hombres y causando su propia destrucción. Una y otra vez, la duda ha despojado a los hombres del derecho por nacimiento a su ascensión y a toda la felicidad divina que el Padre ha deseado otorgarles.

En el nombre del sentido común y de la razón, amados aspirantes a la verdad, ¿qué es lo que Dios os ha pedido que hagáis? ¿Qué es lo que los Maestros Ascendidos os han pedido que hagáis? ¿Que os apartéis por un momento de los jueguitos de la vida para que tengáis una visión de nuestros pensamientos e ideas? ¿Que os hundáis en un mar de perdición o en un torbellino de confusión? ¡Os digo: no! Será siempre vuestro espíritu de aceptación y vuestra propia sustentación de la semilla de la fe los que determinarán si podéis tener el fruto del esfuerzo aquí y ahora, así como en la otra vida.

En realidad, no hay pasado ni futuro. Solo existe el momento presente que dilucida desde el corazón de los fieles la respuesta de un cáliz elevado. Es Dios, y solo Dios, a través de la mano de todo Maestro Ascendido, de todo ángel, de todo discípulo de la luz y de todo soldado de la cruz, quien desea llenar el cáliz de vuestra conciencia anhelante con todos los dones, gracias, armonías y dimensiones de una hermandad cósmica de luz que no tiene comparación.

En ocasiones, la Gran Hermandad Blanca está como un centinela silencioso en el mundo de la forma y, sin embargo, las multitudes sienten la presencia de este centinela de Dios el Altísimo. De cuando en cuando, le ven como un ángel vengador que castiga tanto a la Iglesia como al Estado por esos errores que son inconcebibles en vista de la nobleza de la vida que se ha manifestado en la verdadera cultura y progreso del mundo.

El actual derramamiento de odio virulento entre hermanos por el mundo entero, que se manifiesta en guerras y asesinatos desenfrenados, da testimonio de la ausencia de la influencia que las principales religiones del mundo han tenido sobre los pueblos. Los motivos y los actos de los hombres dan testimonio del hecho de que en todos los tiempos pasados lo que ha resistido es la ruin manifestación de la comercialización. ¿Acaso no afirmó claramente el apóstol Pablo que «la raíz de todos los males es el amor al dinero?».[2] Así, tras la pantalla de las manifestaciones de guerra están siempre las ganancias corruptibles que producen los hombres que se cubren de un velo de santidad, frecuentemente en negación completa de las pretensiones virtuosas que aducen.

Si el mundo no despierta pronto de su letargo y de su comunión con el error, si no irrumpe pronto en las octavas de luz y en el reino de los Maestros Ascendidos para percibir la luz cósmica, las terribles charadas en que se embarcan actualmente van a culminar en un holocausto de aterradora destrucción.

Comunicamos nuestras Actas sobre la Ascensión en estos momentos para que los hombres de fe que las reciban y las transmitan a otros puedan disfrutar del beneficio de nuestros pensamientos, de nuestros sentimientos y de nuestra emisión de la llama de la ascensión en manifestación tangible.

Hay muchas otras cosas de inestimable valor que tenemos pensado comunicar a todo aspirante al desenvolvimiento de sí mismo en el Sendero, pero hay que barrer los escombros y resolver los problemas actuales. No es necesario que los hombres tengan temor uno de otro, pues los hombres del mundo sólo pueden matar el cuerpo, mientras que la vida del alma está en manos de Dios[3]. Pero es verdad que nos preocupan las manifestaciones de vida sobre este planeta y las oportunidades que se les ofrecen espiritualmente.

En cada siglo los afanes transitorios del mundo han sido de lo más difícil para los que se han mezclado en ellos. Pero la escapatoria para todo hombre es el sendero de la ascensión, y este es el don de Dios para todo individuo, ya sea que los hombres se den cuenta de ello o no. La razón de que tan pocos hayan venido aquí a Lúxor con nosotros en todos los tiempos en sus cuerpos espirituales, así como físicamente en algunos casos, es debido a que el ritual de la ascensión es la iniciación final por medio de la cual un individuo puede obtener la liberación de la esclavitud de la carne. La liberación de la esclavitud del karma sólo puede llegar cuando se haya resuelto plenamente la ley de causa y efecto. Jesús mismo reveló esta ley cuando dijo: «El cielo y la tierra pasarán, pero mis palabras no pasarán» y «ni una jota ni una tilde pasará de la ley, hasta que todo se haya cumplido».[4]

Me grabé en el corazón, antes de poder continuar revelando mayores leyes y misterios de la ascensión, que estas actas tienen la intención de comunicar el hecho casi brutal de que debo desechar algunos de los conceptos mortíferos del hombre antes de esperar dar el pleno provecho de la ofrenda actual a los que leen. Os exhorto, entonces, a que os detengáis a ponderar el motivo que anima mis comunicaciones. No quiero fama ni dinero. Mi único deseo es que bebáis del néctar del Divino, transmutéis vuestras dificultades y os liberéis de las cadenas terrenales. No estoy proponiendo que los hombres no ascendidos busquen un escape para no servir, sino sólo un escape de aquellas cosas que los mantienen en la esclavitud para que cuando resuene la trompeta de la victoria para ellos sea una victoria ascendente.

Hay muchos que se han acercado a los portales de la ascensión y que se han rechazado debido a alguno de los asuntos tratados en esta y en comunicaciones anteriores. Incluso los sentidos físicos pueden ser vehículos para llegar a lo Divino y, por consiguiente, la mente sagaz y observadora no debería repudiar nunca la existencia de la Deidad, del alma, de la Hermandad invisible o de la oportunidad divina basándose en el intelecto razonador o en el testimonio de los sentidos. Porque todo está aquí. Rodea al mundo. Es un manto envolvente de gran luz. Los que no son perceptivos ven lo que quieren ver a la vez que tratan de refutar, con decisiones apresuradas, la gloria de los tiempos que ni siquiera perciben vagamente.

Os exhorto a sopesar las consideraciones cósmicas. Ponderad las manifestaciones de la vida que se os muestran mediante las vías de vuestros sentidos físicos y espirituales. Ponderad todo lo que Dios os ha dado como vislumbres del Infinito. Daos cuenta de que algo no puede salir de la nada y de que la Mente Infinita ha creado al hombre para que extienda su conciencia hacia la marca del Infinito. Lo finito no es más que un salto sobre el abismo de una realidad ciega hacia la seguridad del terreno de dominar la prueba actualizada. Los hombres prueban la ley haciéndola. Ven la verdad convirtiéndose en ella. Ascienden por fe y no por duda.

Desde las profundidades de la sabiduría infinita de Dios y desde el corazón de la Pirámide de la Vida, he hablado. Quien tenga oídos para oír, que oiga.

Serapis

12

La adaptabilidad del hombre y de la Naturaleza

*La penetrabilidad
del Fuego Sagrado de Dios*

*E*studiantes que
deseáis que las huestes seráficas
os preparen,
porque estáis listos para
convertiros en
instructores de hombres:
comulgad en Lúxor con
las inteligencias superiores
y los sabios de Dios,
y entrad en la misma
naturaleza ardiente de Dios
y de la simetría Divina.

La naturaleza y la identidad de Dios es el fuego, «[...] nuestro Dios es un fuego consumidor».[1] El centro de la partícula más diminuta de substancia no es más que una bola electrónica de fuego. Los hombres se han identificado con la carne; no han comprendido la resurrección de la conciencia a partir de las obras muertas. El concepto de «obras muertas» implica que todo lo que los hombres hacen es una forma de subordinación a la naturaleza transitoria y carnal de los hombres.[2]

El camino nuevo y vivo del Espíritu que abarca la totalidad del hombre aquí y ahora está calculado para que produzca una transformación no solo en el reino exterior de la carne, sino también en las partes internas de la mente —de la conciencia en particular— así como una infusión de las energías vitales del Espíritu. A estas se les ha impedido que se manifiesten debido a la barrera aislante formada por los densos patrones electrónicos de la humanidad cuyas cualidades de absorción impiden que la llama penetrante de Dios atraviese las barreras del pensamiento humano y de los sentimientos mal cualificados y que establezca así contacto con la llama de Dios que se encuentra en el centro de toda célula, de todo átomo y todo electrón.

Consideraremos por un momento el tema de la penetrabilidad cósmica. Una de las características de la naturaleza que es vital que los hombres comprendan es la cualidad de la adaptabilidad protectora, gracias a la cual la naturaleza, cuando se desafía, provoca, a través de sus manifestaciones incontables, una reacción inmediata o «mecanismo de defensa» en su propio beneficio. El intercambio de estas características de adaptabilidad y sus cambios automáticamente instituidos en la forma y en las oleadas de vida que de ellas resultan, que continuamente repercuten en los pensamientos y sentimientos de los hombres, crean en su conciencia numerosos patrones extraños que interfieren en las intenciones originales y prístinas de Dios.

El Jardín del Paraíso, cuando se toma como concepto alegórico, presenta otro aspecto de la realidad divina. Ese aspecto es la capacidad de la naturaleza de producir siempre belleza, amor y perfección en todas sus manifestaciones que proceden del diseño original Divino. Incluso una mutación, si es guiada por la chispa inteligente del Creador de toda vida, dotará a la forma de un factor ascendente y no de deterioro. Por consiguiente, los individuos deben reconocer que es esta misma característica de adaptabilidad en la naturaleza y en el hombre la que, cuando actúa al revés, levanta defensas contra los aspectos progresistas de la intención original de Dios. Por eso, muchas veces los individuos no ascienden simplemente porque han creado un orden inverso a lo largo de su propia manifestación natural, al buscar primero al yo y por último a Dios.

Creo que el dominio de la conciencia puede ser uno de los factores que más frenen el progreso de la humanidad cuando se utiliza mal. La conciencia es con frecuencia el producto del azar moldeado por el medio ambiente, pero pronto aprende a superar incluso sus factores hereditarios. Como cada generación sucesiva crea una nueva moda, haciendo a un lado algunas de las antiguas y conservando otras de la naturaleza tradicional del hombre, el estado de su conciencia se vuelve, en general, más destructivo porque no sigue ninguna constante cósmica, sino que, cuidadosamente, pero al azar, mantiene una multitud de modas humanas. El efecto de este proceso sobre la conciencia debe ser considerado por el aspirante cuando comience a despojarse de las envolturas de substancia mental y emocional ennegrecida que, como masas de protoplasma o como la dura superficie de un cocodrilo, dificultan la penetración de la luz.

La conciencia tiene sus propias formas extrañas de protección. El mundo es iconoclasta, sin embargo, tiene una multitud de tabúes y tradiciones impertinentes que no está dispuesto a abandonar. Como una habitación llena de animales disecados, el individuo medio que aspira a una renovación de la conciencia tiene muchos «tesoros» y «percepciones mortales prolongadas», cuidadosamente preservados en el almacén de su cuerpo de la memoria y de los cuales le es difícil deshacerse. Introducir abruptamente la gran llama de Dios, con todo su tremendo poder, no solo extirparía las tradiciones, sino también la salud mental y el equilibrio de la individualidad.

Preferimos, entonces, que todos los que deseen hacer su ascensión reconozcan la necesidad de la renovación, de la limpieza del templo corporal y de la restauración y purificación completas de la mente-conciencia. Es mejor, aunque parezca un poco difícil, que los individuos decidan que van a deshacerse de *todas* sus tradiciones mortales y conceptos preferidos para preparar el camino para la llegada de la gran conciencia Divina que es capaz de renovar las capacidades del alma y de restablecer los límites activos del templo viviente de Dios («¿No sabéis que sois templo de Dios, y que el Espíritu de Dios mora en vosotros?»).[3]

La idea de renovar la conciencia es de por sí la causante de que se cree en los hombres un deseo de abrir las ventanas del alma a la pureza original del diseño Divino. La mayoría de los hombres están conscientes de que su medida personal es casi enteramente la de un hombre. También saben que «la carne y la sangre no pueden heredar el reino de Dios»,[4] sin embargo, saben que la vida abundante, la vida eterna de Dios, se legó a todo hombre como su herencia inmortal.

Existe una tendencia entre los hombres, que es fomentada por los hermanos de la oscuridad y los hijos de Belial, que a veces se disfrazan de ángeles de luz, a posponer la salvación del alma a un mañana distante o a la vida posterior. Este mañana que nunca llega es un intento furtivo por parte de los hombres de disculpar su tradicional indolencia que no hará el ajuste necesario, aquí y ahora, en esta era que Dios desea que utilicen para su propia liberación.

Mientras los hombres permanezcan en un túnel de

limitación mortal no podrán contemplar el valle de Shambala o las prodigiosas cumbres de Shangri-Lá. Primero tienen que salir de su propia oscuridad y del capullo de la ignorancia a la luz del Sol espiritual detrás del sol. Los fuegos de la regeneración Divina son de hecho manifestaciones de la naturaleza trina de Dios, de fe, esperanza y caridad; amor, sabiduría y poder; incluso de cuerpo, alma y mente. Mas estas similitudes, incluyendo cuerpo, mente y sentimientos, deben purificarse, causa, efecto, registro y memoria.

Por consiguiente, principiamos con la conciencia, y esta renovación debe admitir el fuego de la idea divina. La idea de la ascensión debe ser considerada pertinente para la corriente de vida individual y no como algo destinado por entero para otro que tal vez esté más avanzado espiritualmente o que sea más capaz de ejecutar la voluntad de Dios. Cada alma debe considerar por sí misma el valor del amor de Dios que dio el esplendor de su Unigénito al Hijo Divino Varón de su corazón, de manera muy personal.

Yo, Serapis, os digo que cuando la conciencia esté imbuida de la naturaleza divina y esa naturaleza penetre hasta la base misma de esa conciencia, se elevará, cual globo de helio, a los cielos más elevados del pensamiento.

Ahora debe llegar a las emociones la capacidad de penetración del fuego divino. La energía de la alegría y de la felicidad, que es el gran motor de la vida, debe estar comprometida en nombre de uno mismo como manifestación de la conciencia Crística. Y, por último, pero no por eso menos importante, cuando la mente y el sentimiento hayan abrazado el fuego de Dios y la prodigiosa esencia de su naturaleza, la penetrabilidad de ese fuego en la forma física —el cerebro, los nervios, los músculos y los órganos— debe llegar con vistas a la elevación y a la ascendencia de toda la conciencia. En este punto, puede ocurrir que aquellos a quienes contactéis reciban descargas de extraordinario poder espiritual o curaciones.

El uso del fuego de la naturaleza divina y del fuego tangible de la creación que elimina la escoria de pensamientos y sentimientos humanos de los cuatro cuerpos inferiores del hombre es una obligación. Pues si los individuos no están dispuestos a considerar en su conciencia las posibilidades de lo que la vida en Dios *les hará*, ¿cómo pueden recibir la exhalación de su amor inefable?

En nuestro retiro de Lúxor hay períodos de meditación en los que, durante semanas y semanas, se medita constantemente sobre una sola de las ideas divinas que os he dado en estas actas y se invoca el pleno complemento de su significado desde el corazón de Dios. Propongo, pues, que todos los que reciban estas instrucciones las consideren no como una comunicación diseñada para enseñarse en una semana, sino como un muy preciado tesoro de nuestra intención infinita en beneficio de todos los que desean encontrar su camino de regreso al Hogar del Padre.

A su debido tiempo, ciertos ejercicios espirituales se desarrollarán dentro de vuestra propia conciencia a medida que prosigáis este estudio y lo completéis. Después de todo, los ejercicios y las instrucciones específicas que damos se derivan siempre precisamente de la instrucción que os estoy dando aquí, pues está creada a semejanza de la que damos en Lúxor. Por supuesto que hay una pequeña diferencia entre la enseñanza que damos en Lúxor y la que damos a través de este medio hablado e impreso. La diferencia radica ante todo en el timbre o naturaleza de los estudiantes que vienen directamente aquí.

Los que vienen a estudiar a Lúxor ya están consagrados a la idea de tener dominio sobre la vida y de alcanzar su ascensión y la liberación de la conciencia y la forma mortales. No se ocupan de las trivialidades y diferencias insignificantes de la vida. Ya han renunciado al mundo y a las cosas del mundo. Vienen despojados de anhelos mundanos y llenos de esperanzas relativas a lo que esperan que hagamos por ellos. Por otra parte, aprenden rápidamente y comienzan luego a demostrar por sí mismos, basándose en nuestra enseñanza, los pasos necesarios de purificación y preparación para el momento de la consumación divina en que el alma misma entra en la conciencia de su Creador y el caminar con Dios se inicia de nuevo.

A aquellos de vosotros que podéis entender exactamente lo que estoy diciendo aquí y ahora, os digo: «¡Bravo!», porque vuestras almas alcanzarán más pronto la meta que buscamos juntos pues aspiramos a que tengáis lo que nosotros ya hemos recibido. Cabe anotar aquí una palabra de advertencia, pues las enseñanzas que daremos en las próximas comunicaciones se dictarán desde los niveles seráficos más elevados. Instamos a todos los que recibís este material a que lo apreciéis con vuestros corazones, vuestras mentes y vuestros seres.

Dad gracias a Dios por él, porque representa una transformación extensa y vasta del planeta. Pone en vuestras manos algunos de los grandes tesoros de las artes divinas que han permanecido en secreto desde la fundación del mundo.[5] Sin embargo, la responsabilidad de recibirlo es vuestra. Lo que hagáis con este material y el valor que extraigáis de él dependerá en gran medida, por supuesto, de vuestra propia voluntad de privaros de la dudosa alegría de sentaros en la silla de los escarnecedores[6] y, cual aficionados, seleccionar del *smongasbord** de las religiones del mundo, esos pequeños dogmas de fe que os agraden aquí y allá.

Aquí se os dará una declaración firme, una comunicación efectiva y probada, una medida de la gracia divina incomprensible para el ignorante. Es natural, entonces, que quienes no estén completamente al corriente de las complejidades de la sencillez tengan la tendencia de desatender o pasar por alto los tesoros sagrados que os daremos a conocer, y ya os hemos transmitido mucho más de lo que la mente ordinaria puede comprender de una ojeada.

Proseguid, entonces, bien y sabiamente por este camino porque las creaciones seráficas de Dios están listas para convertirse en instructoras de hombres y, al igual que en nuestro templo aquí en Lúxor, se os revelará la estatura creciente del alma en desarrollo. Comulgaréis con esas inteligencias superiores y esos sabios de Dios, servidores de la voluntad divina que asistieron a Cristo y os asisten hoy de la única manera en que el Amor Divino puede

---

*N. del T. Palabra sueca que significa una amplia variedad de algo.

hacerlo, reflejando el resplandor de la naturaleza ardiente de Dios que vence toda pequeñez, fruslería, mezquindad y confusión y produce la robusta naturaleza de la simetría divina.

Dios es vuestra victoria y vuestra vida. Por lo tanto, nos detenemos para honrarlo cada día.

Vuestro humilde siervo, quedo

Serapis

Fe en el propósito Divino

En el nombre de la amada, poderosa victoriosa Presencia de Dios, YO SOY en mí, mi amado Santo Ser Crístico, el Santo Ser Crístico de cada uno, amados Arcángel Miguel y Fe, amados Gurú Ma y Lanello, todo el Espíritu de la Gran Hermandad Blanca y la Madre del Mundo, Vida Elemental, ¡Fuego, Aire, Agua y Tierra!, yo decreto:

Oh, Arcángel Miguel, ser de Fe,
a través de mi Divina Presencia ahora toda duda borra.
Abre mis ojos, mi visión renueva.
Haz de los muchos los pocos elegidos de Dios.

Uno a uno pasamos por la puerta
de mayor fe que la que antes tuvimos.
Arroja nuestro pecado y nuestra duda a lo Real,
ayúdanos a comprender la verdad,
a sentir la Presencia de Dios.

YO SOY, YO SOY, YO SOY, un amigo de Dios
YO SOY, YO SOY, YO SOY, el que eleva su cetro
de implícita fe en mi divino propósito
por la Realidad centelleante ahora brillo.

¡Y con plena fe, conscientemente yo acepto que esto se manifieste, se manifieste! (3x) ¡Aquí y ahora mismo con pleno Poder, eternamente sostenido, omnipotentemente activo, siempre expandiéndose y abarcando el mundo hasta que todos hayan ascendido por completo en la Luz y sean libres!

¡Amado YO SOY, amado YO SOY, amado YO SOY!

13

Los grandes anillos electrónicos de fuego

Meditaciones Seráficas
I

A vosotros,
que deseáis comprometer
vuestra conciencia con
los seres de fuego,
las huestes seráficas,
a vosotros que quisierais
ser puros de corazón
y ver a Dios,
YO SOY el SEÑOR tu Dios,
el SEÑOR tu Dios YO SOY.

Y contemplé los grandes anillos electrónicos de fuego del Sol Central.* Vi su superficie como de oro fundido, mezclado con azul celeste. El cielo se convirtió en mar y, ¡he aquí!, el suave brillo como de rosas de llama viva de color rosa pálido burbujeante sobre la superficie, translúcida y luego transparente; un núcleo de fuego blanco que vibraba, que subía y descendía con sagrado fulgor inundó mi alma. Traté de proteger mis ojos del prodigio glorioso que sabía era la Realidad, la Infinitud y el Amor sin fin.

Todo el Conocimiento, todo el Poder, todo el Amor que transcurría eternamente, sin principio ni fin, estaban ante mí. Y vi la naturalidad del hogar, de los amigos, de la familia, de todo lo que alguna vez fue, es o será. De este gigantesco orbe se desprendían cintas de gloria interconectadas y se extendían hacia el espacio, de galaxia a galaxia, de sistema estelar a sistema estelar, y el canto de la música de las esferas sacudía las cuerdas de mi corazón como un laúd de fuego. Escuché el girar de las esferas aparentemente silenciosas y los tonos de los fuegos

*Los serafines dan estas meditaciones en primera persona a favor de los hijos de Dios. Son las reflexiones que supuestamente haría el hombre si alcanzara el nivel de la conciencia seráfica. La intención es que todos los que aspiran a estas alturas de gloria las den en forma de oración.

cósmicos, de mundos muertos y moribundos, mezclados con las novas, las eternamente nuevas, las niñas del espacio, sistemas interestelares desplazándose hacia los remotos desiertos donde los márgenes fraccionados se separan; sin embargo, estaban sumergidos en el amor del Centro.

Mi alma se separó de mi cuerpo, y comprendí que todo lo que había sentido como una atadura de solidez e identificación con una conciencia integral, intransigente, ya no existía. Anduve errante por nebulosas en espiral, por sutiles velos de luz, por el cabello llameante de los serafines. Vi los lugares del Sol y el girar de mundos vacíos, así como de aquellos que estaban excesivamente poblados con un orden progresivo de humanidad.

Comprendí el mensaje de los ancianos y supe que la conciencia de un niño pequeño es la conciencia del inocente de corazón. Supe que los puros de corazón verán a Dios[1] y que los refinamientos de la Tierra eran una maldición para mi propia realidad. Mi corazón estalló en pedazos como un pedazo de hielo derretido y se convirtió en un tibio líquido que revivió toda la esperanza dentro de mis huesos.

Oh, Amor Divino, no me separes —no, ni por un instante— de las experiencias de lo eterno. El postrer enemigo que será destruido es la muerte. ¿Dónde está, oh muerte, tu aguijón? ¿Dónde, oh, sepulcro, tu victoria?[2] No sé de ataduras que me aparten de Tu Presencia. Tu majestad conmigo es todo hombre conmigo, y yo con todo hombre sigo el camino que lleva a Ti.

La conciencia puede desplazarse. Puede penetrar.

Puede volar. Puede romper ataduras. Puede desprenderse de las amarras de la vida y adentrarse en el mar, el piélago salobre donde las lágrimas saladas de mi alegría son una espuma de esperanza, renovada una y otra vez. Me regocijo como nunca, y no queda recuerdo de las condiciones anteriores. Estas son desechadas como finitas, como triviales, como una fantasía transitoria de la mente mortal.

Ahora comprometo mi conciencia
con los seres de fuego,
con las huestes seráficas;
ahora veo que el deseo de Dios
es el más intenso,
que refulge con blanco resplandor,
hornaza candente al blanco
cuya frescura es mi deleite.

Veo las sombras y los velos
de pensamientos y necedades humanos
derretirse y evaporarse,
desvanecerse en el aire;
y todo lo que YO SOY está en todas partes
y en todas partes YO SOY.

consume la escoria en mí, oh, Dios,
la substancia impura de la tierra,
la sordidez de la fama mortal,
consúmelo todo, oh, Poderosa Llama,
y llévame de la mano ahora mismo
y condúceme a tu luz que resplandece.

Mi alma, como la más hermosa y dulce de las rosas,
exhala el perfume de la esencia creativa.
He aquí, YO SOY mi propia Presencia Divina;
tomadas de la llama de la Verdad,
mis energías vitales de juventud,
mi fuerza infinita es la prueba sagrada
de que como Tú eres yo también seré,
apartado de toda impureza
hasta que ve Tu rostro.

YO SOY el puro de corazón,
porque el puro corazón a Dios verá.
y al unirme a las huestes seráficas,
sé que, del mundo de ilusión,
confusión, comercialización,
irrealización, intensa mojigatería,
y del miedo que huye de la luz
¡YO SOY el que ha venido!

He superado el miedo y la duda.
y estoy ahora cubierto
con una vestidura tejida de Sol,
mi carne se cubre con
un Manto Electrónico Envolvente:
Electrifica toda mi forma;
renueva mi mente,
mi identidad con su yo original,
y el resplandor de esa Estrella
que está dentro de mí y en mi frente
es de esperanza por los siglos.

Bajo tu dominio vengo
y todas las cosas bajo mi dominio quedan.
YO SOY el Señor tu Dios,
el Señor tu Dios YO SOY;
Porque entre las orillas de nuestro ser
hay unidad, la unidad de la esperanza que evoca
liberación de todo lo que no es real.

Por tu gracia, oh, Dios, puedo sentir, ¡puedo sanar!
puedo sellar mi ser
y todo lo que soy
dentro de un ropaje de luz electrónica
cuya impenetrabilidad y reluciente resplandor,
que emite sus rayos del amanecer de la eternidad,
se niega a aceptar
pensamiento mortal alguno
que limite mi alma,
porque por tu gracia soy hecho íntegro.

De la luz he venido,
y a Ti estoy unido para ver
resplandecer por los siglos,
el paso de los años, de la luz
de *pralaya*, de mantras, plegarias,
y del fin de los berrinches humanos,
la manifestación celestial
del Dios terrenal
elevada al mundo de los cielos
donde las corrientes de la ascensión,
como electrónica esencia,

persiguen en mí todo abismo oscuro
e intensificación de pasión mortal
hasta que se disuelven,
en calderos de fuego violeta
y se purifican, como substancia de brillante luz.

¡Oh, Dios, aquí estoy, aquí YO SOY!
uno contigo y uno para que me ordenes,
abre la puerta de mi conciencia
y déjame reclamar como nunca
que sean restituidos mis derechos de nacimiento.
tu hijo pródigo a ti ha vuelto[3]
y anhela de nuevo caminar contigo
cada paso de regreso al Hogar.

Así termina esta sección de las Meditaciones Seráficas
hecha a favor de aquellos entre la humanidad que anhelan
encontrar el camino de regreso a los brazos de Dios.

YO SOY el que está agradecido
por la oportunidad de servir,

Serapis

14

El mar de cristal

Meditaciones Seráficas
II

Hombres de buena voluntad
que deseáis entrar
en el dominio
de la esencia creadora,
experimentad con
la llegada de
los llameantes serafines
la necesidad intensa
de purificación
y la magnificencia
de la transmutación.

Y vi el mar de cristal, de substancia blanca, candente, fundida, enfriada, en manifestación de luz. Y, he aquí, su belleza cristalina indicaba la necesidad de pureza. La pureza del oro, del jaspe, de la calcedonia, del ópalo y de toda piedra preciosa revelaron a mis ojos la magnificencia de la transmutación.[1]

¿Cómo surgió el oscuro, mohoso humo de millones de chimeneas, nubes negras que saturan los pulmones de los niños con penetrantes polvos de sílice y magnesio? ¿De dónde vino esta irritación, esta tos de desolación y este letargo de hombres, como melazas con la firmeza del pegamento? ¿Cómo vino a la manifestación ante nosotros en forma de impedimentos? ¿Cómo lograremos sacar la hermosa alma del dominio completo de la razón ilusoria?* Miré hacia abajo y luego hacia arriba, y vi que se aproximaban los llameantes serafines; en mi interior la necesidad de purificación era intensa.

Como complemento de su ascensión en la luz, los hombres de buena voluntad deben entrar en el dominio

*Esta meditación, que contrasta la pureza de Dios con la frustración del plan divino por parte de los hombres, tiene como finalidad demostrar de qué manera los actos erróneos de la humanidad nos afectan a todos. La planeada caída en desuso y la medida de los estándares económicos con el afán de lucro en lugar de la regla de oro, «YO SOY el guardián de mi hermano», son los factores principales que han contribuido al retraso del progreso espiritual del planeta.

de la esencia creadora, separada y distinta de la conciencia individualista. El reconocer y afirmar «YO SOY el guardián de mi hermano»,[2] como un fruto del amor divino, permitirá ver a todos los individuos que lo acepten que todo problema humano debe ser tenido en cuenta por la Gran Hermandad Blanca y que ninguna situación ni dificultad puede considerarse jamás como algo propio. Por otro lado, a la humanidad encarnada, por ley cósmica, se le dan derechos que son protegidos incluso de las fuerzas espirituales del planeta. Por consiguiente, para invitar a las huestes celestiales a que participen en la ayuda a la humanidad, es necesario que alguna parte de la vida, en algún lugar, apele a los Maestros Ascendidos y los invite a ayudar a este planeta en la solución de sus múltiples problemas.[3]

Ya que es la naturaleza de Dios asistir a su propia creación para obtener la liberación de la esclavitud autocreada y de toda forma de distorsión que lanzan sobre los hombres las fuerzas demoníacas, así como de las estrategias siniestras de los hermanos de las sombras, los hombres deben percibir que, al descender al planeta, como hizo Cristo, y exclamar, como hizo él: «He aquí que vengo, oh Dios, para hacer tu voluntad»,[4] todos sin excepción deben sin falta tratar de aliviar la aflicción que se manifiesta a escala planetaria. El camino hacia la ascensión está pavimentado de muchas facetas que requieren atención individual, sin embargo, ninguna de estas facetas debe dominar o atraer una cantidad indeseable de energía cósmica del aspirante a la ascensión.

Volvemos de nuevo con los serafines:

«Y vi el remolino de pensamientos y sentimientos humanos, la exhibición de sus colores y la salida de los escombros. Injuria tras injuria se lanzaban hermano contra hermano. Una terrible lucha por la deificación del ego, por poner al ego en el primer plano, era aparente. Llegaron los serafines y eran como rayos luminosos de fuego atravesando la atmósfera, y supe que poseían la virtud de la penetrabilidad cósmica; como rayos cósmicos podían atravesar la forma carnal del hombre, sus pensamientos y sentimientos. Cuando la penetración tuvo lugar y los serafines atravesaron la conciencia humana, ¿qué residuo quedó o qué clase de absorción tuvo lugar?

«Vi claramente que se logró la absorción y que quedaron residuos, absorción en virtud de la transmutación instantánea de toda la substancia que quedó próxima a su trayectoria. Noté también que uno de los residuos fue una intensa devoción al fuego blanco, cargada de un anhelo de pureza. Percibí que esta cualidad aparecía en la conciencia de muchos y, sin embargo, a menos que no fuera nutrida o aceptada por ellos, se degradaría en sus conciencias en muy poco tiempo, pues la disociación de estas ideas ocasionaría que las chispas de los serafines que quedaron flotando siguieran a su cuerpo paterno y abandonaran su hogar temporalmente inoportuno».

Confío, entonces, que los chelas de la luz, que tienen sus esperanzas puestas en Dios y en el poder de la ascensión, que están atentos a la intercesión de las huestes angélicas y que reconocen que ellas pueden entrar, y de hecho entran en su conciencia, comprendan también que el sintonizarse con la conciencia angélica —es decir, con la conciencia de los serafines— es equivalente a retener los beneficios de las huestes seráficas.

No sé de ningún poder más valerosamente capaz de ayudar a alguien en su ascensión en la luz que los esfuerzos transmutadores encaminados a la pureza del Cristo Cósmico que emiten las huestes seráficas. En nuestro retiro de Lúxor, las meditaciones sobre los serafines son una parte muy importante de nuestra enseñanza espiritual. Jesús pasó mucho tiempo en comunión con las huestes seráficas. Esto desarrolló en él el supremo poder gracias al cual pudo arrojar demonios y dominar el mundo externo de la forma.

Estoy plenamente consciente de que la enseñanza profunda e intensa que aparece entre líneas en este capítulo y en otros puede causar desaliento a quienes no comprenden del todo sus principios. Pero no os preocupéis, amados hijos, buscadores de la luz. ¿Esperabais acaso, cuando empezasteis a buscar a Dios, que lo encontraríais sin misterio? ¿Esperabais que el estudio de la Verdad, que es progresivo, no tendría implicaciones, no tendría obligaciones o la necesidad de una acción responsable? Comprended, entonces, mientras doy estas Actas sobre la Ascensión, que su único propósito es el de despertar la magnificencia Divina en la conciencia de quienes las leen y las comprenden.

Estamos obligados, entonces, por ley cósmica, a impartiros las técnicas y puntos de la ley que están mejor diseñados para consumar en vosotros el deseo ardiente del progreso espiritual que «¡no aceptará una negativa por respuesta!». En nombre del cielo, bienaventurados, no podéis esperar avanzar hacia la luz siguiendo los mismos viejos métodos de la carne y de la mente mortal que conocéis desde siempre. Si han de forjarse nuevos modos de pensar y de sentir, a veces deben producirse separándose contundente y abruptamente de los viejos.

Las disciplinas de la ascensión requieren vuestra devoción inconmovible y vuestra máxima atención. No podéis producir en la conciencia los cambios necesarios que os harán aptos para nuestra banda cósmica si no hay en vosotros la voluntad de renunciar a los vínculos con la necedad humana. La vanidad siempre es indicativa de esfuerzos vanos. Por el contrario, quienes invierten sus energías, obteniendo una posición de triunfo espiritual, gracias a la cual su victoria puede asistir a los seres que evolucionan en el planeta de manera significativa, estarán llenando una manifestación necesaria en favor del diseño original de Dios.

Si el hombre fue creado por Dios, entonces esa Bondad que es la naturaleza de Dios debería y debe manifestarse en la conciencia, no solo según la opinión de alguien, sino según el plan original. Hay más ciencia en estas actas de lo que cualquier hombre pueda percibir con una lectura casual. La ciencia que hemos puesto aquí está calculada para realizar un acto de gran bendición para los lectores con el fin de que puedan verdaderamente entender.[5]

En la determinación del progreso cósmico,
quedo de vosotros,

Serapis

15

La predicación de Dios

Meditaciones Seráficas
III

Pequeños niños
que queréis
entrar en el lugar
del Hijo de Dios,
la conciencia
donde Dios está:
YO SOY y porque
YO SOY vosotros sois,
nosotros somos, ellos son, Es.
Por tanto, entrad
por la puerta abierta
del paraíso venidero.

Para concluir las Meditaciones Seráficas, y antes de avanzar en nuestras actas, os damos los pensamientos del Capitán de las Huestes Seráficas, Justinius:

Contemplé la predicación de Dios, la Primera Causa, inmaculada, de brillo magnificente, cualificando cada desprendimiento de la Mónada con la similitud intensamente resplandeciente de lo Divino. Qué delicia de igualdad que a nadie defrauda; los celos no habían nacido. Pero el fuego persistía, no diminuto ni finito. Era una espiral creciente de concepto. Desde el punto emergían los círculos y, como las manecillas de un reloj, tejían en el espacio un cono que, cual escalera dorada, escalaba las alturas, exploraba las profundidades y unificaba lo diverso.

¿Dónde se encuentra, pues, la división entre nosotros? No la hay. Todo lo que divide no está entre nosotros. Todo lo que aspira a conquistar no está entre nosotros, porque Su amor nos cautiva. Y el color del pétalo de una flor es translúcido para nosotros, porque Su luz fluye a través de la substancia como la celosía de una ventana de exquisitez.

Naturalmente dotados y dotando a la naturaleza, tus rayos omnidireccionales inundan de superioridad translúcida —transparencia— revelándose como translucidez, ocultando y diversificando el motivo del deleite de los ojos de un niño. YO SOY, y porque YO SOY vosotros sois, nosotros somos, ellos son, Es. Todo aparece centrado como una unidad estremecedora y vibrante de propósito en funcionamiento, acción sin lugar para reacción, porque todo está automatizado para expresar individualidad, propósito, acción, latido, unidad, propósito ardiente y continuidad. La continuidad y la inmortalidad son una, y todo lo que perdura es valioso, y todo lo que es valioso perdura para reparar su mayor gloria detrás de los velos de la transcendencia siempre en retroceso.

Nada final salvo el objetivo final. Ningún fin salvo nuevos comienzos. Ninguna frustración, sino revelación sin fin. Juventud y novedad, amistad y expansión de la luz cuando la visión de Dios contempla la manifestación, cuando la manifestación por la visión Divina dilata la visión como una adición a la recreación creadora. Y la limitación se percibe como imitación, adiestrando la manifestación dentro del dominio microscópico hasta que, en virtud del avance del alma, el imitador se convierte en el Imitador sin límites. El alma es elevada a dimensiones superiores de servicio cuando Dios sale a la acción para graduar a las manifestaciones inferiores de sí mismo para completar la gloria de Su plan.

«De cierto os digo, que, si no os volvéis y os hacéis como niños, no entraréis en el reino de los cielos».[1] La conciencia subrepticia del hombre, como nube entintada o como la deyección de un calamar gigante, opaca la atmósfera de la realidad y mantiene al hombre sumergido. Ahora rompemos estas cadenas con toda su tenacidad,

y sentimos cómo el magnetismo del mundo es substituido
por el magnetismo del cielo.

La libertad nace en el alma,
El hombre no se satisfará más con metas inferiores.
Las chucherías y las baratijas del mundo
Tienen su lugar,
Mas el lugar del Hijo de Dios
es la conciencia donde Dios está.

El sitio donde Dios no está
o donde cuelgan imágenes inferiores de Él
como inútiles iconos en las paredes,
ya no atrae al alma
que aspira escapar del reino de la ilusión mortal
y bajo la bóveda de la Buena Voluntad
ver y acoger la realidad de los ángeles,
de los Maestros Ascendidos,
de ese reino coronado de nubes
donde el alma, con risa candorosa,
como corriente burbujeante
desplazándose hacia el Océano de la Identidad,
percibe la libertad del viento
y el poder para animar las cítaras
de la conciencia inferior
con un sentido de belleza y de la sutileza
suspendida como brillante burbuja
cuyo velo húmedo, diáfano,
cubre la transparencia de la iridiscencia reflejada
Al ojo que espera.

El reino de los ángeles también tiene sus delicias
y la realidad de los Maestros Ascendidos espera el vuelo
de las almas que ansían romper las cadenas,
de la desesperanza que despoja la situación mundial,
de los prodigios del radiante designio Divino,
tan penosamente atrapados
en la trama de rituales, plegarias y dogmas,
pero tan hermosamente guardados
como llama vibrante de triple deleite Divino,
amor, sabiduría y poder
dentro del corazón y el alma.

Y ahora, mientras espero la expansión
del gran mundo Macrocósmico
dentro del reino microcósmico del ser,
veo que nacido en mí
está el poder de la expansión ilimitada en todo momento.
Oh, Dios, te agradezco las horas resplandecientes
que llegan formadas por minucias
de minutos, segundos y micropausas,
mientras la mente se vuelve para registrar por siempre
tus leyes inmortales.

¿Qué es esta puerta perlada ante la cual me encuentro?
¿Se trata de un reino de quimera donde acecha una
    banda oscura?
no, porque el rostro que ahora con claridad veo,
atisbando tras la puerta abierta,
es el rostro de un ángel
que conocí mucho tiempo atrás.

Mis pensamientos se deslizaron por el canal de la finitud
y toda la luz de la esperanza se desvaneció,
la soga rompí
y el temor de la gélida desolación me sobrecogió
hasta que me vi completamente envuelto
en las cuerdas y vanidades de la ilusión.

Ahora me elevo una vez más,
vibrando hacia los cielos,
donde Dios y el hogar como fuegos de amor
    resplandecen,
rumbos renovadores elevados a fuentes
totalmente divinas.

Mi alma empieza otra vez a subir
por la escalera donde
llega cada significado
tan delicado, suave y puro,
me hace saber
que el plan seguro de Dios
me sostendrá cuando el mundo
parezca desmoronarse.

Porque después de todo sólo hay un gran Corazón
Que hace latir el nuestro,
y nosotros hemos de elevarnos a más bellos reinos,
donde expiemos
de acuerdo con todo lo que en verdad vive,
pues el paraíso es la Vida que otorga
la nobleza de los esfuerzos justos
para contrarrestar el concepto del polvo

del que Dios creo esperanzado
un alma viva,
y a través de las fragantes brumas
revela la meta
del paraíso venidero.

Vuestro en el nombre de la magnificente llama Divina,
el Capitán de las Huestes Seráficas,

Justinius

Confío que hayáis disfrutado de esta comunicación y de la conclusión de nuestras meditaciones con los serafines. La próxima semana iniciaremos un viaje vital hacia el Infinito.

Por su gracia YO SOY,

Serapis

16

La gran emanación Divina de la vida dentro de vosotros

Al estudiante
que desea estar en armonía
con el instructor
y así conseguir
una porción del adelanto
progresivo del Instructor:
este es el momento
en el que debéis girar
la gran llave de la voluntad
en la puerta de
la oportunidad cósmica

Estar en armonía con el Instructor es conseguir una porción del adelanto progresivo del Instructor. Incluso un maestro de escuela común y corriente sabe que un niño que sueña despierto o uno cuya atención divaga no asimilará tan bien como los que están atentos. Algunos de vosotros habéis leído descuidadamente nuestra enseñanza sobre la ascensión. Otros, sinceramente y con diligencia, habéis tratado de entender lo que habéis podido. Algunos habéis pasado por alto nuestras palabras como si procedieran de una fuente humana ordinaria.

Deseo hacer hincapié en que muchas almas han viajado por el sendero que lleva a Dios en las condiciones más agotadoras y atravesando caminos de lágrimas y tribulaciones para poder llegar a escuchar una instrucción menos formal que la que he ofrecido tan abiertamente a todos. Ahora que llegamos al punto en que os comunicaré los misterios menores y mayores de la ascensión, deseo desligar mis energías completamente del nivel personal. Para hacer esto, permitidme recordar a cada estudiante que todo lo que hasta aquí he dado —esto es, toda esta enseñanza— es conocimiento por el que individualmente se os considerará responsables. Quienes no la han leído, pero a quienes se les ha enviado tienen también una responsabilidad definida. Los que la han leído sin detenimiento y sin comprensión tienen igual responsabilidad.

En la medida en que esta ofrenda de los Maestros Ascendidos se da con alegría y amor, es de esperar que los que la reciben lo hagan igualmente con amor y gracia. Os digo esto al separarme del contacto personal con vosotros para poder identificarme totalmente con la gran emanación Divina de Vida que está dentro de vosotros y que es la fuente de toda la Vida que se os ha dado.

Es esencial que vuestra mente no divague, que vuestra conciencia no vacile, que no comprometáis vuestra atención en asuntos menores en los momentos que habéis destinado a tratar de comprender estos asuntos mayores. En nombre de Dios, amados míos, si la enseñanza sobre la ascensión fuera tan sencilla, que en cierto sentido lo es, y fuera dominada con tanta facilidad, que también lo es, ¿por qué tan pocos en cada generación son capaces de alcanzar este inapreciable regalo de Dios que está destinado a todos los hombres?

Según el Consejo Kármico, no es culpa ni de la instrucción ni del Instructor. Si la culpa no es del Instructor ni de la instrucción, ¿de quién es entonces? Estrictamente, del individuo común, que toma tan en serio las cosas trilladas y triviales que le parecen de gran importancia que apenas se da cuenta de lo importante que es la gloria invisible del reino de Dios. Esta gloria invisible, que se os proporciona semanalmente como ofrenda tangible de los Maestros Ascendidos, es el regalo más serio y benévolo de la Vida que los hombres podrían tener jamás, aparte de los impulsos originales de su Gran Yo Divino que yacen durmientes en el seno de cada hijo de Dios.

Estos impulsos acumulados de gloria personal están a la espera del beso del Príncipe del Reino[1] que traerá a la Bella Durmiente del Yo Divino a la manifestación y acelerará dentro de vosotros todo lo bueno, para que lo que había estado dormido e inactivo pueda ser elevado fácilmente en el servicio del Rey (la poderosa Presencia YO SOY) por vuestra propia liberación.

Os agradezco la atención prestada y el servicio divino que habéis ofrecido. No podemos pedir más, ni lo hacemos. Vuestra Presencia Divina será siempre la que alumbre al ser, y la luz inferior no puede sino reflejar la luz superior. Corresponde, entonces, a cada individuo comprender el gran papel que debe desempeñar la voluntad consciente en su propia liberación de todas las circunstancias externas hacia las glorias del reino inmortal.

La instrucción que damos en palabras puede parecerle a la mente exterior llena de repeticiones, pero es absolutamente necesaria para contrarrestar las atracciones extraordinariamente repetitivas y claramente engañosas del mundo exterior que pretenden hundir al hombre y todas sus energías en un desperdicio de la oportunidad del Ciclo. Los hombres van de aquí para allá y de allá para acá. Luchan por doquier para encontrar un poco de consuelo para una conciencia egoísta herida. Sus inseguridades básicas son legión, y no saben qué camino tomar. El camino de lo Divino es el único que lleva al Hogar. Todas las demás puertas y avenidas son callejones sin salida de los cuales cada corriente de vida debe un día rendir cuentas.

La dulce entrega a la Presencia de Dios es iniciada ante todo en la voluntad. La voluntad es la clave por medio de la cual el yo humano se expresa.[2] Habéis deseado imágenes inferiores. Habéis deseado imperfección. Os habéis deseado someter a otros y al orden mundial. Habéis cerrado los ojos a las verdades de Dios que son evidentemente aparentes, incluso para un niño. Habéis reconocido y admitido que hay más en la vida de lo que el ojo distingue, aceptando un propósito infinito, aunque desconocido.

Los esquemas de los hombres son todos en vano.
Las vías están, pero ¿dónde está el tren?
los hombres dicen: «Chu-chu»,
pero no escogen bien,
van hacia atrás, lejos de la luz,
y van chasqueando, inmersos en los sentidos,
sin ver la gran dispersión de la Vida,
energías, como ciempiés,
un robo al tiempo y a las necesidades Divinas
de los hombres y mujeres que Dios ha creado
tanto valientes como temerarios,
para erguirse y ser contados, entonces,
para dominar todo lo que no debería haber existido
y de común acuerdo
aprender a amar verdaderamente al Señor,

Ahora es el momento en el que la gran llave de la
    voluntad se debe girar en la puerta de la
    oportunidad cósmica;
ahora es el momento en el que lo viejo
debe renovarse,
en el que todo lo que es invisible
debe revisarse de nuevo.
Porque Dios es uno,
Su llama es amor,
Él anhela elevar al hombre a las alturas
desde donde, al mirar hacia abajo, pueda ver
la hermosa senda de los libres
extendiéndose llanura abajo,
la vida de Dios está siempre ocupada.

A través de los hombres Él derrama su sabiduría,
el poder de ver y televisar
las alegrías del cielo a todos los hombres,
buscad nuevamente la levadura cósmica
y levantad el pan de la Eucaristía
guardando siempre una cita sagrada,
una vigilia de la llama de la Comunión
que guarda la fe en el nombre de Dios.

Su honor es la luz sin mancha,
que iluminará la noche más oscura
y hará resplandeciente cada hora
donde la luz de la Victoria del Sol Cósmico
puede levantar un estandarte para todos.

Oh, Paz en la Tierra, Buena Voluntad a los hombres,[3]
comienza en mí y en todos los hombres
a desgarrar el velo entre la noche
y la belleza de la luz,
a liberarme de todo lo que ata,
quítame las anteojeras de mi mente,
y deja que me sienta ahora y siempre
cautivado por tu amor hacia mí.

YO SOY tu hijo, oh, Señor divino,
me encuentro ante los rayos de la ascensión,
tu llama siempre me hará subir
por la escalera de nuestro Dios;
me regocija caminar bajo su cetro
y por instrucción de su Palabra
esgrimir el poder de su espada.
Una verdad que solo puede adorarse
hablará a los corazones por todo el mundo
acerca de la Paz que ahora he hallado
y verán que nubes de gloria
me rodearán, para llenar mi copa.

Oh, Paz, aquiétate[4] y que tu alegría
fluya en mi corazón,
al impartir desde tu ser
una mayor medida de tu poder
para moldear mi victoria en cada momento
y ayudarme cuando el camino es duro
a saber, que Dios nunca engaña

sino que cumple su Palabra: «YO SOY EN TODOS»
de tener una respuesta para toda súplica.

Ven, amado Santo,
con las llamas del gran sol de la ascensión
y teje la vestidura de tu llama
alrededor de este templo en el nombre de Dios:
Un vestido de bodas para tu banquete[5]
cuando la contienda termine, la guerra cesará;
el muro ha caído, el camino está libre;
me elevo, me aproximo
por obediencia Crística a tu ley.

Serapis

17

El Gran
Cuerpo Solar Inmortal

Oh, tú mortal
que deseas cubrirte con
la vestidura de
la inmortalidad
oh, tú hijo, que deseas
volver al Padre:
llama a tu Dios
para comenzar a tejer
tu cuerpo solar inmortal
hilado de la luz
del Sol.

La parábola del vestido de bodas se refiere al Gran Cuerpo Solar Inmortal que el hombre debe tejer.[1] El ancla de la identidad del hombre que debe gustosamente lanzar más allá del velo simboliza este vestido de bodas. Tal como vuestro tubo de luz es tejido con las grandes energías redundantes de Dios que contestan todo llamado, tal como la llama violeta vibra a través de todo aquel que invoca el nombre del Señor y que visualiza esta bella llama, de la misma manera, Dios responde al llamado del hombre de comenzar a tejer su Cuerpo Solar Inmortal.

Este cuerpo de luz empieza en el corazón de vuestra Presencia Divina y se hila con la luz del sol de dicha Presencia cuando el hombre, desde abajo, invoca conscientemente las sagradas energías de Dios. Estas se le envían (donde están concentradas en la llama trina dentro del corazón) y luego se vuelven a elevar por la parte alta de la cabeza, por el cordón de plata a las manos de su Santo Yo Crístico para que las transmita al corazón de la Presencia donde se va tejiendo gradualmente el vestido de bodas del Señor.[2]

Para poder comprender el significado de la llama de la ascensión, los hombres deben comprender el significado del cuerpo solar inmortal, así como el significado de las posibilidades de su propia ascensión. Solo las energías purificadas de sus corazones pueden regresar al corazón de la Presencia para que Dios pueda de hecho crear un vestido de luz pura con el que el alma aspirante pueda cubrirse. Por consiguiente, solo aquellas energías de la Presencia que el hombre conserva con pureza y amor son una ofrenda digna que pueden volver a Dios para la preservación de la inmortalidad del hombre.

Este vestido de luz posee el poder de levitación, pero también se ajusta al Yo Interior y exterior. Se ajusta al Yo Interior porque está hilado con las energías de Dios y el patrón prístino original de Dios para cada corriente de vida. Conteniendo, entonces, dentro de sí los principios de la victoria, se parangona con la Presencia y con toda magnificencia Divina; ajustándose también a lo humano, es capaz de ajustarse a lo más elevado de la naturaleza divina en el hombre que él ha exteriorizado en el mundo de la forma, y encuentra un punto de afianzamiento en la octava humana a través de todas las cualidades y del carácter del hombre que sean congruentes con lo Divino.

Sin embargo, los hombres encuentran que la mayor parte de sus patrones de comportamiento son el resultado de actividades humanas egoístas, por lo que consideran sus derechos humanos tan soberanos que llegan a la conclusión de que son incapaces de hacer el mal mientras sus actos permanezcan dentro de los límites de estos así llamados «derechos». Esto es tan peligroso como la noción de que son incapaces de hacer el bien, lo cual es igualmente falso. La actitud correcta se encuentra en la realización precisa de que Dios, cuando se le llama, puede actuar en el hombre y que todo lo que Dios hace en el hombre es de acuerdo con Su plan.

Si las vidas de los hombres se viven de acuerdo con el plan divino, entonces el ajuste llega, no como el resultado de la lucha, sino como el resultado de la sumisión alegre y feliz al ideal Crístico, al diseño Divino. El alma de un hombre así está siempre feliz y alegre de recibir incluso los pequeños tesoros y dones de la gracia divina. No busca necesariamente alguna gran declaración filosófica o teológica que exalte su mente en el terreno humano. Se complace con la formación de las nubes, o con las formas de las hojas de los árboles, con una expresión de esperanza en los ojos de un niño o de alguien con la madurez de los años.

Ya no siente la necesidad de criticar ni a la humanidad ni a sí mismo, sino sólo de personificar el ideal divino mediante la obediencia amorosa y jubilosa al Cristo o al diseño Divino. Al reconocer que procede de la Luz, aspira a regresar a la Luz y ya no desea caminar en la oscuridad de la razón humana. Entonces el hombre comprende que el ancla que lanzó tras el velo es la que envió desde su corazón y su alma como una actividad de amor a Dios. Esta actividad de amor hace fluir la corriente de vida al Santo Yo Crístico y la conciencia del Cristo la lleva de regreso al corazón del Padre.

Es esta ancla tras el velo, este sentido inmortal de identificación con Dios, el que permite a los hombres funcionar de hecho en el nivel de la Mónada Divina. Allí, cuando el hombre funciona bajo dirección y actividad divinas, ya sea dentro o fuera del cuerpo, toma la energía distribuida que en la ignorancia hubiera podido ser mal utilizada y en vez de ello crea un gran cuerpo de luz llamado la «vestidura inmaculada sin costura del Cristo viviente» que algún día se convertirá en el Gran Cuerpo Solar Inmortal esférico.

Nacido de las energías del Sol y de las energías del Sol detrás del sol, el cuerpo solar inmortal se convierte en un imán. El magnetismo de lo Divino es una piedra imán cargada que transmutará las sombras en la octava humana y transformará la conciencia del aspirante a la ascensión, de manera que, poco a poco, irá gradualmente teniendo lugar en su mundo una disminución de los lazos tenaces que durante siglos la humanidad ha tejido con personas, lugares, condiciones y cosas. Simultáneamente tendrá lugar una renovación de los antiguos pactos del alma con el Padre gracias a los cuales el Hijo reconocerá que el retorno al Hogar, al corazón de Dios, es sumamente imperativo.

Así, la piedra imán divina y el Cuerpo Solar Inmortal se activan y, debido a que abajo hay un mecanismo de respuesta creado en la conciencia, se convierte en una ocasión para que el Padre, a través de la libre elección del hombre, tenga ahora autoridad para fijar la hora en que el Hijo vuelva a Él. Sin embargo, a no ser que el sendero de la llama se cree a la manera del caduceo,[3] el alma no podrá emprender su vuelo de regreso a Dios.

El caduceo aprovecha tanto las fuerzas centrípetas como las centrífugas. Utiliza la energía que los hindúes conocen como Brahma y Shiva, el Creador y el Destructor.[4]

Así se dan a conocer a los hombres las fuerzas de la polaridad negativa, de signo de menos, que fluyen en sentido contrario a las manecillas del reloj y lleva la estructura básica de regreso al Espíritu; y de las fuerzas que fluyen desde el Espíritu en el sentido de las manecillas del reloj hacia el reino positivo de la manifestación. La acción de caduceo da al hombre la victoria sobre el infierno y la muerte, y con la ascensión el postrer enemigo, o la muerte, es destruido.[5]

Las alas en lo alto del caduceo simbolizan que las energías sagradas y vitales de los sistemas nerviosos simpático y central alrededor de la columna vertebral se han elevado hacia el ojo espiritual de percepción. Aquí las alas de la percepción espiritual elevan al individuo y desencadenan el mecanismo cósmico de la ascensión.

De este modo, la llama de arriba (en el corazón de la Presencia) magnetiza a la llama de abajo (la llama trina dentro del corazón) y el vestido de bodas desciende alrededor del cordón de plata para envolver a la corriente de vida del individuo en esas corrientes de esencia tangibles y vitales de la ascensión. Entonces tienen lugar cambios enormes en la forma de abajo, y los cuatro cuerpos inferiores del hombre se limpian de toda impureza. La forma física se vuelve más y más ligera y, con la liviandad del helio, el cuerpo comienza a elevarse en la atmósfera, siendo liberado de la atracción de la gravedad y la forma envuelta por la luz de la gloria exteriorizada que el hombre conoció con el Padre «en el principio antes de que el mundo existiera».

Ésta es la gloria de las corrientes de la ascensión. Es la gloria del logro que Jesús demostró en el monte de Betania.[6] Todo individuo puede experimentarla cuando el cincuenta y un por ciento de su karma haya sido saldado y cuando haya realizado las otras preparaciones necesarias que hacen posible que el Consejo Kármico conceda que sus registros sean sellados con «Candidato a la Ascensión». Esto no significa que la vida del individuo termine. A dicho individuo se le ha dado, como a Elías en «el carro de fuego»,[7] un medio glorioso de transporte de las octavas humanas a las octavas de luz muy por encima del reino psíquico al mundo celestial de los Maestros Ascendidos y de los seres cósmicos.

Continuaremos revelando la grandeza de la ascensión la semana próxima.

Valerosamente, YO SOY

Serapis

18

La ascensión
debe desearse

A vosotros,
que deseáis vuestra ascensión
y la deseáis mesuradamente,
se os ha dado el creer
en la conciencia de
los Maestros Ascendidos
que deseáis hacer
vuestra por medio de
la atención a ese
proceso y servicio cósmicos
que os devolverán
al estado anterior
que conocisteis con Dios
antes de que
el mundo existiera.

San Pablo dijo hace mucho tiempo: «Mas alguno dirá: ¿Cómo resucitarán los muertos? ¿Con qué cuerpo vendrán? Necio, lo que tú siembras no se vivifica, si no muriese antes [. . .]».[1] Su reprimenda a los gálatas por seguir la letra de la ley en vez del Espíritu del Cristo también es pertinente: «¡Oh, gálatas insensatos! ¡quién os fascinó para no obedecer a la Verdad. . .? ¿Habiendo comenzado por el Espíritu, ahora vais a acabar por la carne?».[2]

El rumbo de la victoria del hombre que lo conduce a su ascensión no viene, entonces, por la «bondad humana» o siguiendo las «normas sociales aceptadas». Ni qué decir tiene que hay que saldar el karma. Los individuos no pueden seguir burlándose de las leyes de fraternidad y justicia; no pueden seguir desobedeciendo impunemente las leyes infinitas de Dios. Por tanto, es irrealista que algún hombre imagine que puede seguir una trayectoria de colisión con el Consejo Kármico y las jerarquías celestiales divinas ignorando sus responsabilidades espirituales y la necesidad de desear los más elevados dones y gracias que Dios ya ha preparado para él.

La ascensión debe desearse y debe desearse mesurada-mente. Debe desearse no como un mecanismo para eludir la responsabilidad o de los deberes mundanos. Debe desearse como la culminación de una vida de servicio dedicada a la voluntad de Dios, y los hombres deben estar dispuestos durante sus encarnaciones finales sobre el planeta —el tiempo de su escape de la rueda de los siglos— a dar el mejor de los servicios a la Luz y a traer el reino.

He sabido de muchos individuos que se han comprometido tanto en la batalla de alcanzar su ascensión que han ignorado por completo sus responsabilidades para con sus semejantes y para con la jerarquía. En el nombre de Dios, amados, no necesitáis ser como Nerón, que tocaba la lira mientras ardía Roma. Debéis tener en cuenta las horribles perfidias que circulan por el mundo hoy y el dolor y el sufrimiento extremos en que se ha hundido la humanidad. Siempre que sea posible, debéis tratar de atraer hacia el mundo las maravillosas energías regeneradas de la luz como un soplo aliviador, como un acto de misericordia y gracia, como una experiencia jubilosa, cuando podáis, por la habilidad consumada de vuestro Santo Ser Crístico y por la gracia de Dios, sacar la luz en los hombres de menor entendimiento.

Por consiguiente, señalemos con exactitud en estas actas, que la Hermandad de Lúxor no pretende despojar al planeta de toda su flor y nata. No deseamos atraer a nuestro templo a toda alma iluminada que hay en la Tierra, y luego hacerla ascender a Dios, despojando al mundo de todos aquellos que mantienen el equilibrio de la luz y el poder y que prestan servicio espiritual a sus semejantes a través de la cadena de la jerarquía. Solo deseamos atraer a aquellos que han terminado su trayectoria y que han reconocido que se aproximan al cumplimiento de su plan divino.

Estamos también al corriente del hecho de que hoy los millones de personas que han recibido las elevadas enseñanzas por medio de estas Actas sobre la Ascensión pueden empezar y empezarán a hilar patrones de luz en preparación para el cumplimiento de sus misiones durante sus últimas encarnaciones. Entonces, si no logran en su vida actual alcanzar la meta del supremo llamamiento en Cristo,[3] por sus acciones correctas habrán, por lo menos, establecido el escenario de la oportunidad y el programa cósmicos, de tal manera, que será posible hacer ajustes de una naturaleza kármica en sus siguientes vidas.

Las corrientes de la ascensión no pueden dañar a nadie. Todo el que reciba esta llama de regeneración del corazón de Dios comprenderá la necesidad de afianzar las corrientes de la ascensión en su propio mundo aquí y ahora, mientras el hombre se acerca a Dios al arrojar el ancla de su identidad tras el velo de los ajustes de cuentas mortales al gran océano del cuerpo de luz de Dios. Por eso, la ascensión en el carro de fuego siempre va precedida de la magnetización de las energías solares del hombre, las cuales son elevadas con el consentimiento de su voluntad consciente al corazón de la Presencia Divina.

No debéis esperar, queridos míos, que, como el aterrizaje de una gran ave del paraíso, el cielo descienda a vosotros y os eleve instantáneamente a la luz. Cada día tejéis una hebra de substancia de luz de vuelta al corazón de vuestra Presencia por medio de la lanzadera de vuestra atención; cada hebra refuerza el ancla tras el velo y así os atrae a un estado de conciencia en el cual Dios puede utilizaros más como instrumentos efectivos para el bien.

Comprended todos, por consiguiente, que la ascensión se alcanza igualmente por las buenas obras y la devoción a Dios, por servir a vuestros semejantes, por servir a la luz, por los decretos que se ofrecen en beneficio de la humanidad, por dar servicio de curación a quienes lo necesitan y por las muchas vías de la Hermandad, así como mediante el estudio directo del proceso mecánico que interviene en el ritual final mismo de la ascensión.

Hemos sabido de algunos casos de individuos que pasaron tanto tiempo estudiando la mecánica de la ascensión y tratando de prepararse para ese don que de hecho accionaron el mecanismo de la gracia divina (pues su karma había sido bastante bien equilibrado) y se elevaron prematuramente a la ascensión solo para pedir, después de que ya se les había otorgado este enorme regalo, si podían entonces regresar a la forma humana y ocuparse de algunos asuntos que habían dejado sin terminar y que les fueron señalados. ¿No hubiera sido más placentero y feliz para Dios, así como para el hombre, que esos individuos hubieran hecho primero lo importante, saldando sus responsabilidades terrenas y dejando la mecánica de la ascensión a su Presencia Divina, sin querer ascender con lo que casi podríamos llamar «violencia» («porque el reino de los cielos sufre violencia, y los violentos lo arrebatan»)?[4]

Hay quienes dicen que el fin justifica los medios, y si pudieran recibir su ascensión subiéndose en un elevador, lo harían. Cabe señalar aquí que, aun cuando Dios ha dotado de un patrón bien definido a cada corriente de vida y de un patrón universal de victoria en Cristo recomendable para todos, siempre hay excepciones a la regla que solo sirven para probarla. De modo que un individuo, al tener libre albedrío, puede seguir trabajando y sirviendo con un objetivo definido que, aunque sea congruente e incumba a la Ley, no necesariamente es el propósito de la Ley para dicha corriente de vida en el cumplimiento de su misión. Sin embargo, por su insistencia, Dios le otorgará lo que prematuramente pide.

Esta excepción no contradice de ninguna manera la afirmación de que Dios conoce el día y la hora de la victoria del hombre. El hombre puede o bien frustrar el plan divino o bien apresurar su cumplimiento. El horario cósmico requiere que el hombre preste atención al proceso, porque por el proceso y servicio cósmicos los hombres son restituidos al estado anterior que conocieron con Dios antes de que el mundo existiera.[5] Al haber cumplido este ritual, tienen la ventaja adicional de poseer todos los criterios de su experiencia cosechados en muchas encarnaciones en la Tierra y que les asisten en el servicio futuro en los reinos cósmicos.

El reino de los cielos no tiene fin y a las corrientes de vida que alcanzan su ascensión pronto se les asignan otras tareas en el servicio de la luz. El cuerpo de Cristo en la

Tierra necesita tanto maestros no ascendidos, cuya vida esté completamente dedicada a Dios, como Maestros Ascendidos, que sirvan a la humanidad sin cesar. Hay lugar dentro de este esquema cósmico para que los hombres desempeñen muchos papeles; y cuanto antes reconozcan su necesidad de ajustarse a la idea divina, más rápidamente podrán proseguir en su asistencia a todas las evoluciones de la vida en este planeta hasta que alcancen su liberación final.

El cielo desea siempre hacer las cosas de una manera suave, producir la perfección de Dios en manifestación sin la mano dura del karma que desciende sobre la humanidad. No obstante, los registros muestran con claridad que en muchos casos solo el martillo cósmico despertó con eficacia a individuos recalcitrantes que de otra manera hubieran seguido perdiendo sus oportunidades en actividades indolentes y vanas.

He cubierto en estas actas una gran cantidad de temas y las sutilezas que introduje entre líneas son legión. Espero concluir la semana próxima este estudio sobre la ascensión, pero en caso de que no alcance a incluir todo lo que requerís para vuestra victoria, estoy seguro de que me daréis audiencia otra semana más para hablaros de estas benditas oportunidades de naturaleza espiritual.

En emulación del Cristo, el hombre puede reconocer que, en términos relativos, la misión del Cristo —que fue de treinta y tres años de vida temporal, de los cuales treinta se consagraron a su preparación y tres a su servicio final— aportó vastos cambios al mundo de la forma y hasta el momento presente ha producido beneficios inenarrables a la Tierra. El que estos beneficios no hayan sido mayores se debe a la dureza de los corazones de los hombres,[6] semejante a la actitud del Faraón en los días en que los hijos de Israel estaban esclavizados. Las plagas mosaicas que cayeron sobre la tierra de Egipto destrozaron finalmente el corazón del Faraón hasta que por fin se aplacó y dejó partir a los hijos.[7]

Hay mucho que aprender en el esquema divino total y Dios no desprecia un corazón roto y contrito.[8] Los que vienen a Él y creen en Él también deben «creer en mí»,[9] esto es, deben creer en la conciencia de los Maestros Ascendidos que moró no solo en Cristo, en Jesús, sino que también mora en todo Maestro Ascendido y que también os elevará a vuestra maestría para que donde YO SOY también vosotros podáis estar.[10]

Por los siglos, quedo de vosotros,

Serapis

19

El destino
de todo hombre

*P*ara los bienaventurados,
que están motivados
por una determinación
absoluta hacia la santidad,
se cumple la llama
del honor cósmico
en el ascenso y descenso
del Dios Padre-Madre
sobre el altar de la columna,
a medida que la victoria del caduceo
se convierte en la victoria
de la ascensión
como el destino de
toda alma viviente.

Hemos pensado transmitir en estas actas la comprensión de que el ejercicio espiritual solo, sin obediencia a los preceptos kármicos y al plan divino para el hombre, puede tener un valor limitado para el aspirante. También hemos señalado que las dos aproximaciones a la salvación llegan al brillante ápice de manifestación en la gloriosa ascensión del hombre en la Luz, cuando todas las insignias espirituales se colocan en su lugar, tal como Dios quiere. Esto incluye el uso de la llama de honor cósmica desde el corazón de Dios, por medio de la cual los hombres en honor se prefieren el uno al otro y reconocen el significado de la verdadera hermandad y servicio.

Una y otra vez nos asombran las bufonadas de los hombres, cómo buscan el estudio de lo espiritual y la liberación espiritual mientras crean actitudes siempre nuevas de imperfección y discordia hacia sus semejantes. Dios nunca puede ser burlado[1] por estas falsas actitudes humanas que generalmente tratan de justificarse con alguna forma de provocación humana que puede o no basarse en los hechos.

Cuando se emplea la llama del honor de Dios, las metas de los hombres se orientan a Dios, y por consiguiente no puede haber mudanza ni sombra de variación[2] en la mónada humana que es motivada por una absoluta determinación hacia la Santidad. El mundo está lleno de seres humanos y de creación humana, pero los hombres deben volverse hacia lo Divino para su liberación. La acción del caduceo será doblemente efectiva en aquellas corrientes de vida en las que la expresión del honor, la justicia y la misericordia vayan de la mano con el ejercicio espiritual.

Uno de los extraños fragmentos de información que a veces dudo comunicar a mis estudiantes, puesto que trata de un proceso que es casi mecánico, es la transmisión de la energía de Dios a la base de la columna vertebral y el cambio de esa energía de regreso al corazón de la Presencia. Este proceso, que algunas veces utilizan de manera fortuita los que son ineptos en la práctica de lo que se conoce como *kriyā yoga*, tendrá lugar de modo perfectamente automático en esos individuos cuya devoción a Dios sea suficientemente grande.

En tiempos pasados, muchos de los santos que levitaron en la atmósfera lo hacían así debido a la intensidad de la magnetización de la energía de la llama Divina arriba. El que estos santos flotaran en el aire era una prueba de su relación devota e íntima con la Presencia Divina. Por tanto, el Yo Divino alado elevará al hombre de regreso a Su propio corazón, y aquello que descendió también ascenderá.[3] La boda alquímica (la unión del yo inferior con el Yo Superior) tendrá lugar cuando el yo inferior haya demostrado buena fe y la voluntad de cumplir todas las obligaciones presentadas en la Alianza de la Reunión Divina.

Alguien puede decir que, en el caso de la ascensión, la forma carnal se levantará, dejando un montón de cenizas blancas en el suelo bajo los pies del aspirante. Esto es cierto en algunos casos en que la alquimia de la ascensión se realiza un poco prematuramente y por razones cósmicas. En este caso las cenizas blancas son el residuo sin transmutar de la corriente de vida. En otros casos no quedan residuos en el lugar donde el individuo ascendió, habiendo sido transmutados por una intensa acción de caduceo.

Aunque la forma de un individuo puede mostrar signos de envejecimiento antes de su ascensión, todo esto cambiará y la apariencia física del individuo se transformará en el cuerpo glorificado. El individuo asciende, entonces, no con un cuerpo terrenal, sino con un cuerpo espiritual glorificado en el cual la forma física se transforma instantáneamente por la inmersión total en la gran llama Divina. Por tanto, la conciencia que el hombre tiene del cuerpo físico cesa y él alcanza un estado de ligereza. Esta resurrección tiene lugar cuando la gran llama de Dios envuelve el caparazón de la creación humana restante y transmuta, con un patrón de redes cósmicas, todos los patrones celulares del individuo, la estructura ósea, los vasos sanguíneos y todos los procesos corporales que atraviesan una gran metamorfosis.

La sangre de las venas se transforma en luz líquida dorada; el chakra de la garganta brilla con una intensa luz azul-blanca; el ojo espiritual en el centro de la frente se convierte en una llama Divina alargada elevándose hacia arriba; las vestiduras del individuo son completamente consumidas y él asume la apariencia de estar vestido con una túnica blanca, la vestidura sin costuras del Cristo. Algunas veces el pelo largo del Cuerpo Mental Superior aparece como oro puro en el que asciende; además, ojos de cualquier color pueden volverse de un hermoso azul eléctrico o de un violeta pálido.

Estos cambios son permanentes y el que ha ascendido puede llevar consigo su cuerpo de luz a dondequiera que desee o puede viajar sin el cuerpo espiritual glorificado. Los seres ascendidos pueden aparecer en la Tierra, y ocasionalmente lo hacen, como mortales ordinarios, poniéndose vestimentas físicas que les hagan semejantes a la gente de la Tierra y desplazándose entre ellos con propósitos cósmicos. Esto hizo Saint Germain después de su ascensión cuando fue conocido como el Hombre Prodigioso de Europa. Dicha actividad es una dispensación recibida del Consejo Kármico. La aparición del amado Jesús a Pablo en el camino a Damasco, es otro caso.[4]

Simplemente el ser llevado por el Espíritu, como lo fue Felipe, de una ciudad a otra,[5] o elevado temporalmente en la atmósfera en levitación no es lo mismo que la ascensión y no debería interpretarse así. El profeta Elías, en su ascensión, fue llevado al cielo en un «carro de fuego».[6] Este carro, así llamado, puede describirse o puede calificarse simbólicamente como el estruendo de las densidades atómicas de los hombres que giran como las ruedas de un carro en la substancia ardiente de la llama de la ascensión, hasta que cada átomo, célula y electrón son purificados de toda escoria. Así, el hombre es impulsado en la llama de la ascensión mientras estas «ruedas en medio de ruedas»[7] son aceleradas en velocidad vibratoria hasta que giran con la intensidad de la luz misma y la melodía divina sale de ellas con la nota de la victoria individual.

Ya sea Zaratustra, que ascendió de regreso a Dios en «la gran llama», o Elías, que subió al cielo en el «carro de fuego», la llama de la ascensión es la llave que abre la puerta de la inmortalidad para todo hombre. La llama es el vehículo que conduce al ascendido de regreso al corazón de su Presencia Divina. Él está plenamente consciente durante todo este ritual y, una vez que ha ascendido, se convierte al instante en un emisario de la Gran Hermandad Blanca al llevar a cabo sus propósitos diversos que siempre están bajo la dirección de la Paternidad de Dios.

La vida es una corporación cerrada. Si Dios es el director general de esta junta, entonces Cristo es el presidente y la junta directiva está formada por los Maestros Ascendidos y el Consejo Kármico. Se puede decir con justicia que el cielo es un sindicato cerrado donde nadie puede trabajar en contra de las metas divinas. Aunque el hombre ha elegido rebelarse en contra de la voluntad de Dios y ha caminado en oscuridad y en ignorancia, aunque muchos han pretendido ser almas avanzadas, avatares o seres espirituales de gran poder, la realidad de ese poder está determinada por el Espíritu eterno de Dios, y la iluminación y la gracia se otorgan a *toda* corriente de vida a través del Espíritu del Cristo viviente.

La ascensión es una parte inevitable del sistema divino.

Consiste en estas iniciaciones: la transfiguración en la configuración divina, el ritual de la crucifixión en la cruz de la Materia, la resurrección de la substancia muerta y, finalmente, la de la llama de la ascensión que eleva al hombre por encima del dominio de sus energías recalcitrantes y de toda actividad engañosa, imperfección y errores mortales. La ascensión es el comienzo del reino para cada uno, y cuando todas las almas hayan sido llevadas y no quede ninguna, el mundo mismo ascenderá de regreso al corazón de Dios, un planeta victorioso.

Con este fin debemos trabajar y servir. La pirámide de la verdad cósmica, construida sobre piedras animadas, debe levantarse en las grandes llanuras de Mamre (*Mam-ray*), que simboliza la Maternidad de Dios y que dota a los planos de la Materia, *Mater*, como la plataforma de despegue para la ascensión del alma).[9] La Madre Eterna debe proteger al Hijo Eterno. El caparazón de la pureza cósmica debe anunciar con trompetas la victoria del hombre en concordancia con el plan divino. El curso de la vida puede seguir por terreno accidentado y bajo múltiples circunstancias, pero cuando la corriente se vuelve clara como el cristal y se purifica, se funde con el mar de cristal, el cubo cósmico de perfección, la piedra blanca que indica que en el hombre se han purificado el propósito, el ideal y la acción.[10]

La geometría divina, por medio del símbolo de la pirámide, atrae a la conciencia aspirante del hombre a la idea de una vida ascendente. Ascender es armonizarse en unidad cósmica con el corazón del Eterno. Es el destino de todo hombre. Los que comprendan esto se regocijarán en la consolación de su liberación final de toda aflicción terrena al entronizar el propósito cósmico en la conciencia, ahora y siempre. Mis manos estarán extendidas en amorosa bienvenida en el momento de vuestra victoria.

Quedo como vuestro instructor y amigo,

Serapis Bey

Notes

CAPÍTULO 1

1. 1 Samuel 17:50.
2. Isaías 40:3. Mateo 3:3.
3. Proverbios 22:6.
4. Daniel 7:9. El nombre «Anciano de Días» se refiere a Sanat Kumara, quien vino a la Tierra hace millones de años en el momento de mayor oscuridad del planeta. Se ofreció como voluntario para mantener el foco de la llama de la vida hasta que sus evoluciones atrajeran una vez más la suficiente energía de Dios para sostener la vida. El 1 de enero de 1956, Gautama Buda, su primer discípulo, asumió el cargo de Señor del Mundo.
5. 1 Corintios 15:31.
6. Apocalipsis 22:2.
7. Marcos 8:24.
8. Mateo 22:11-12.
9. Éxodo 3:14.
10. Mateo 7:15-16.
11. 1 Corintios 13:1.
12. Efesios 5:26.
13. Mateo 18:10.
14. 1 Corintios 15:52.
15. Romanos 12:9.

CAPÍTULO 2

1. *Hamlet* (3.1.65-68).
2. Salmos 16:10. Hechos 2:27.
3. 1 Corintios 15:56.
4. Salmos 51:5.

5. Lucas 1:78.

6. 1 Corintios 15:47.

7. Salmos 82:6. Juan 10:34.

8. Romanos 3:12.

9. Mateo 15:14.

10. Hechos 1:9.

11. Colosenses 3:3.

12. Lucas 2:11.

13. 1 Juan 1:5.

14. Romanos 8:17.

15. Éxodo 13:21-22.

16. Juan 14:3.

CAPÍTULO 3

1. 1 Corintios 3:19.

2. Cervantes de, M. (1605, 1615). *El ingenioso Hidalgo Don Quijote de la Mancha I y II.*

CAPÍTULO 4

1. Hebreos 12:6.

2. Mateo 6:24.

3. Mateo 13:45-46.

4. 2 Crónicas 32:8. Jeremías 17:5.

5. Santiago 4:6. 1 Pedro 5:5.

6. Proverbios 16:18.

CAPÍTULO 5

1. Génesis 11:6-7.

2. Génesis 3:24.

3. Juan 1:3.

4. 1 Corintios 2:9.

5. Apocalipsis 13:16-18.

6. «AUM», «OM» (H-ome, *hogar*), palabra sánscrita que tiene aproximadamente la misma vibración de luz de las palabras

«Amén» o «I AM» (YO SOY), el nombre de Dios.

7. Mateo 23:27-28.

8. 2 Pedro 3:10.

9. Es el estrato de la Tierra también conocido como plano emocional o psíquico, donde se acumulan los patrones efluvios de las masas de la humanidad en el desagüe y hacia donde las almas de menor avance gravitan después de pasar de la pantalla física de la vida, al no tener suficiente luz que las impulse a octavas superiores y a los templos etéricos de los Maestros.

10. Efesios 4:10.

CAPÍTULO 6

1. Génesis 1:2.

2. Juan 10:30.

3. Mateo 19:28.

4. Mateo 6:23.

5. 2 Timoteo 2:15.

6. 1 Corintios 15:26.

7. Romanos 12:19.

CAPÍTULO 7

1. Romanos 8:7.

2. Génesis 25:29-34.

3. Mateo 6:24.

4. 1 Corintios 2:9.

5. Mateo 22:21.

6. Génesis 15: l.

7. Juan 18:36.

8. 2 Timoteo 3:5.

9. Hechos 16:31.

10. Juan 3:16.

11. Lucas 17:21.

CAPÍTULO 8

1. 2 Timoteo 2:15.
2. Apocalipsis 10:9-10.
3. Números 22.
4. Juan 20:25-29.
5. Marcos 10:15. Lucas 18:17.
6. 1 Corintios 3:13.
7. Lucas 23:34.
8. Salmos 23:1-3.

CAPÍTULO 9

1. Ezequiel 12:2.
2. Mateo 7:2. 1 Crónicas 16:34.
3. 1 Corintios 15:52.
4. Salmos 52:1.
5. Mateo 7:13-14.
6. Mateo 8:12; 22:13; 25:30.

CAPÍTULO 10

1. Génesis 1:27-28.
2. Fitz Gerald, E. (trad.), *Rubáiyát of Omar Khayyam*, (71).
   Confróntese con «Oh Mark, I AM» [«¡Oh, Marcos, ¡YO SOY!»].

CAPÍTULO 11

1. Hebreos 11:6.
2. 1 Timoteo 6:10.
3. Mateo 10:28.
4. Mateo 24:35; 5:18.

CAPÍTULO 12

1. Hebreos 12:29.
2. Hebreos 6:1; 9:14.
3. 1 Corintios 3:16; 6:19.
4. 1 Corintios 15:50.

5. Mateo 13:35.
6. Salmos 1:1.

CAPÍTULO 13

1. Mateo 5:8.
2. 1 Corintios 15:26-55.
3. Lucas 15:11-32.

CAPÍTULO 14

1. Apocalipsis 15:2; 21:18-21.
2. Génesis 4:9.
3. Esta es una referencia a la ley de las octavas que da a los seres que habitan en la octava física el dominio completo en el mundo de la forma, tal como los Maestros Ascendidos son la autoridad en su octava. Con el uso de su libre albedrío, en el nombre de Dios, los hombres pueden invocar y recibir de inmediato la asistencia de los Maestros Ascendidos en su dominio. Sin esta invitación, no les está permitido a los Maestros, por ley cósmica, intervenir en los asuntos de los hombres. Uno de los problemas que la teología moderna no ha podido resolver satisfactoriamente es la pregunta que hacen muchos buscadores sinceros: «¿Por qué Dios permite tanto mal en el mundo?». La respuesta es que las criaturas de Dios en conjunto no han pedido suficiente ayuda: no han invocado la asistencia de las huestes celestiales en número suficiente como para contrarrestar las fuerzas del mal a las que se ha permitido que transcurran desenfrenadas en el escenario mundial (por el mal uso que la humanidad hace de su libre albedrío).
4. Hebreos 10:7.
5. Habacuc 2:2.

CAPÍTULO 15

1. Mateo 18:3.

CAPÍTULO 16

1. El «Príncipe del Reino» es vuestro propio amado Santo Yo Crístico quien, cuando se le da (por la correcta aplicación de vuestro libre albedrío) el *dominio* de la autoridad para que gobierne el reino de la conciencia inferior abrirá la puerta a una gran cornucopia de bendiciones desde lo alto.

2. Legge, J. (trad.) (1891), «No hay arma más mortal que la voluntad», en *The Texts of Taoism. The Writings of Kwang-Tsé* [Max F. Muller (ed.), The Sacred Books of the East, v. 40], Oxford: Clarendon Press, p. 84.

3. Lucas 2:14.

4. Marcos 4:39.

5. Mateo 22:11-14.

CAPÍTULO 17

1. Mateo 22:11-14.

2. Véase «Gráfica de Tu Yo Divino» para una comprensión mejor de este proceso.

3. Vara heráldica, y, por lo tanto, la vara que utilizan los mensajeros. El caduceo de Hermes es un ejemplo familiar. En su forma más antigua era una vara que terminaba en dos puntas (probablemente era una rama de olivo con dos vástagos, adornada de listones o guirnaldas), que más tarde sustituyeron dos serpientes cuyas cabezas coincidían en la punta. A veces se pegaba un par de alas a la punta de la vara. En tiempos históricos, el caduceo era el atributo de Hermes como dios del comercio y de la paz; entre los griegos, era el distintivo de heraldos y embajadores, cuyas personas hacía inviolables. *Enciclopedia Británica,* s. v. *«caduceus».*

4. La trinidad hindú: Brahma (el Creador), Visnú (el Preservador) y Shiva (el Destructor).

5. 1 Corintios 15:26.

6. Hechos 1:9.

7. 2 Reyes 2:11.

CAPÍTULO 18

1. 1 Corintios 15:35-36. La referencia de Pablo la aclaran las propias palabras de Jesús registradas por Juan: «De cierto, de cierto os digo que, si el grano de trigo no cae en la tierra y muere, queda solo; pero si muriere, lleva mucho fruto. El que ama su vida la perderá, y el que aborrece su vida en este mundo para vida eterna la guardará» (Juan 12:24, 25).

2. Gálatas 3:1-3.

3. Filipenses 3:14.

4. Mateo 11:12.

5. Juan 17:5.

6. Marcos 16:14.

7. Éxodo 7-12.

8. Salmos 51:17.

9. Esta afirmación clarifica los siguientes pasajes bíblicos: Juan 6:29-40; 10:9; 11:25-27; 14:1. Hechos 8:37; 16:31; 19:4. Romanos 10:9-1. 1 Juan 3:23-24.

10. Juan 14:3.

CAPÍTULO 19

1. Gálatas 6:7.

2. Santiago 1:17.

3. Efesios 4:9-10.

4. Hechos 9:3-5.

5. Hechos 8:26-39.

6. 2 Reyes 2:11.

7. Ezequiel 1:16.

8. 1 Pedro 2:5.

9. Génesis 18:1.

10. Apocalipsis 15:2; 22:1; 2:17.

El Amado Serapis Bey los invita a ofrecer estos dos decretos en voz alta, que practican todos los iniciados en Lúxor, para la purificación del alma. Se incluyen para su comunión con los Santos Ascendidos, el Cuerpo de Dios en los cielos, por medio de la ciencia de la Palabra hablada.

Oración para la Pureza

En el nombre de la amada, poderosa victoriosa Presencia de Dios, YO SOY en mí, de mi amado Santo Ser Crístico, amado Serapis Bey, amado Arcángel Gabriel, amado Ciclopea, Gran Vigilante Silencioso, Amado Elohim de la Pureza, amada Poderosa Astrea, amados Gurú Ma y Lanello, todo el Espíritu de la Gran Hermandad Blanca y la Madre del Mundo, vida elemental: ¡fuego, aire, agua y tierra!, yo decreto:

> Amado Serapis, en el nombre de Dios YO SOY
> Yo pido que el rayo de la Pureza se expanda,
> E Implora que las sombras dejen de cubrirnos,
> Ahora anhelando que la Pureza aparezca.

> Purifica mi mente de impresiones fugaces,
> Libera mis sentimientos de direcciones impuras;
> Que la memoria guarde el Concepto Inmaculado
> Y atesore la perla del precepto del Santo Cristo.

>> Oh recuerdo de radiante prodigio,
>> Que mi mente en ti medite ahora;
>> Discriminación Crística, ¡aparta
>>> ¡Todo lo que sea inferior al triunfo Divino!

Libérame de todo engaño,
Fija mi mente en la percepción pura;
Escucha, oh tú, mi invocación,
    ¡Que mi Ser Crístico se manifieste!

Oh llama de pureza cósmica
De Lúxor, arde a través de mí;
Despeja por completo todo peso sombrío,
    ¡Hazme ascender ahora a ti!

¡Y con plena fe, conscientemente yo acepto que esto se manifieste, se manifieste! (3x) ¡Aquí y ahora mismo con pleno Poder, eternamente sostenido, omnipotentemente activo, siempre expandiéndose y abarcando el mundo hasta que todos hayan ascendido por completo en la Luz y sean libres!
¡Amado YO SOY, amado YO SOY, amado YO SOY!

Comunión con la conciencia cósmica del
Rayo de Brillo Rosa Dorado
y los santos que lo animan

En el nombre de la amada, poderosa victoriosa Presencia de Dios, YO SOY en mí, mi muy amado Santo Ser Crístico, llamo al corazón del amado Serapis Bey y la Hermandad de Lúxor, amado Señor Gautama, amado Saint Germain, Amados Dios y Diosa Merú, amado Sanat Kumara y los Siete Santos Kumaras, el Ser Cósmico Armonía, los Siete Poderosos Elohim, los Siete Amados Arcángeles y sus Arcangelinas, los Siete Amados Chohanes de los Rayos, amados Gurú Ma y Lanello, todo el Espíritu de la Gran Hermandad Blanca y la Madre del Mundo, vida elemental: ¡fuego, aire, agua y tierra!

1. YO SOY el que invoca hoy tu Rayo Rosa Dorado
Para que se manifieste alrededor de mi forma.
Luz Rosa Dorada, de brillo deslumbrante,
¡Adorna mis cuatro cuerpos inferiores

Estribillo: Oh hermandad de Lúxor y
bendito Serapis Bey,
Escuchad nuestro llamado y responded
con el rayo ascendente del amor
Cargad, cargad, cargad nuestro ser
De esencia pura y brillante;
Que vuestro fulgor santificado
De la poderosa Luz de la Ascensión
Destelle sus deslumbrantes rayos
Hacia arriba en nombre de Dios,
Hasta que todo el cielo nos reclame
Para la llama ascendente de Dios.

2. Satúrame de Luz Rosa Dorada
Haced brillar mis cuatro cuerpos inferiores:
Saturadme del Rayo de la Ascensión,
¡Eleva mis cuatro cuerpos inferiores hoy!

3. Rodeadnos ahora de Amor Rosa Dorado,
De luz celestial iluminado y cargado,
Absorbiendo esto a la velocidad del rayo,
Con el aguamiel de la victoria YO SOY cargado.

¡Y con plena fe, conscientemente yo acepto que esto se manifieste, se manifieste! (3x) ¡Aquí y ahora mismo con pleno Poder, eternamente sostenido, omnipotentemente activo, siempre expandiéndose y abarcando el mundo hasta que todos hayan ascendido por completo en la Luz y sean libres!

¡Amado YO SOY, amado YO SOY, amado YO SOY!

La Gráfica de tu Yo Divino

La razón por la cual podemos llamar a Dios y Él responderá es porque estamos conectados a Él. Somos sus hijos e hijas. Tenemos una relación directa con Dios y Él ha puesto una porción de sí mismo en nosotros. Para entender mejor esta relación, los Maestros Ascendidos han designado la Gráfica de tu Yo Divino.

La Gráfica de Tu Ser Divino es un retrato de ti y del Dios que hay en ti. Es una gráfica de ti mismo y tu potencial para convertirte en quien realmente eres. Es un esquema de tu anatomía espiritual.

En la gráfica hay representadas tres figuras, a las que nos referiremos como figura superior, figura media y figura inferior. La figura superior es la Presencia YO SOY, el YO SOY EL QUE YO SOY, Dios individualizado para cada uno de sus hijos e hijas. La Mónada Divina se compone de la Presencia YO SOY, rodeada de esferas (anillos de color, de luz) que forman el Cuerpo Causal. Este es el cuerpo de Primera Causa, el cual contiene el «tesoro en el cielo» del hombre (obras perfectas, pensamientos y sentimientos perfectos, palabras perfectas), energías que han ascendido desde el plano de la acción en el tiempo y el espacio como resultado del correcto ejercicio del libre albedrío por parte del hombre y su correcta cualificación de la corriente de vida que surge del corazón de la Presencia y desciende hasta el nivel del Ser Crístico.

La figura media de la gráfica es el mediador entre Dios y el hombre, llamado «Ser Crístico», «Yo Real» o «conciencia Crística», también se denomina «Cuerpo Mental Superior» o «Conciencia Superior». El Ser Crístico acompaña al yo inferior, que se compone del alma en evolución a través de los cuatro planos de la Materia en los cuatro cuerpos inferiores, correspondientes a los planos de fuego, aire, agua y tierra; es decir, el cuerpo etérico, el cuerpo mental, el cuerpo emocional y el cuerpo físico.

Las tres figuras de la gráfica se corresponden con la Trinidad: Padre (figura superior), Hijo (figura media) y Espíritu Santo (figura inferior). La figura inferior tiene como finalidad convertirse en el templo del Espíritu Santo, que está indicado en la acción envolvente de la llama violeta del fuego sagrado. La figura inferior se corresponde contigo como discípulo o discípula en el Sendero. Tu alma es el aspecto no permanente del ser que se vuelve permanente mediante el ritual de la ascensión.

La ascensión es el proceso por el cual el alma, al haber saldado su karma y cumplido su plan divino, se une, primero, a la conciencia Crística y, después, a la Presencia viva del YO SOY EL QUE YO SOY. Una vez que la ascensión ha tenido lugar, el alma —el aspecto corruptible del ser— se convierte en lo incorruptible, un átomo permanente del cuerpo de Dios. La Gráfica de tu Yo Divino es, por tanto, un diagrama de ti mismo, en el pasado, el presente y el futuro.

La Gráfica de tu Yo Divino

La figura inferior representa a la humanidad que evoluciona en los planos de la Materia. Así es como debes visualizarte, de pie en la llama violeta que has de invocar en el nombre de la Presencia YO SOY y en el nombre de tu Ser Crístico con el fin de purificar tus cuatro cuerpos inferiores como preparación para el ritual del matrimonio alquímico: la unión de tu alma con el Cordero como novia de Cristo.

La figura inferior está rodeada de un tubo de luz, que se proyecta desde el corazón de la Presencia YO SOY en respuesta a tu llamado. El tubo de luz es un campo de protección sustentado en el Espíritu y en la Materia para sellar la individualidad del discípulo. La llama trina dentro del corazón es la chispa de la vida proyectada desde la Presencia YO SOY a través del Ser Crístico y afianzada en los planos etéricos, en la cámara secreta del corazón, con el fin de que el alma evolucione en la Materia. También llamada Llama Crística, la llama trina es la chispa de la divinidad del hombre, su potencial para alcanzar la Divinidad.

Mark L. Prophet y Elizabeth Clare Prophet son escritores reconocidos mundialmente, instructores espirituales y pioneros en la espiritualidad práctica. Entre sus libros más vendidos se encuentran los siguientes títulos: *Las enseñanzas perdidas de Jesús, El aura humana, Saint Germain sobre alquimia, Los ángeles caídos y los orígenes del mal;* y la serie de libros de bolsillo para la espiritualidad práctica, que incluye *Cómo trabajar con los ángeles, Tus siete centros de energía* y *Almas compañeras y llamas gemelas.* Sus libros se han publicado en más de treinta idiomas y están disponibles en más de treinta países.

CPSIA information can be obtained
at www.ICGtesting.com
Printed in the USA
BVHW030425100622
639353BV00003B/10